もくじ

JN216672

2章
子どもがサッと動く！統率のワザ 68

これは絶対押さえたい！ 子どもが動く 基礎・基本ワザ

ナットクすれば自然に身に付く！ 子どもが動く 評価のワザ

口で言うより効果バツグン！ 子どもが動く 非言語のワザ

やる気が何よりの原動力！ 子どもが動く 自尊感情を高めるワザ

見ているつもりが見られている！ 子どもがついてくる 教師の在り方

1章

学級崩壊を防ぐ！
7つの鍵

避難訓練の事前指導の場面です。伝える事項は次の4点。①昼休みに避難訓練がある。②避難訓練の目的。③どうやって身を守るのか，場所ごとに説明。④避難場所は鉄棒前にクラス順。さて，どちらの教師の指示が通るでしょうか。指示が通る言い方のポイントを箇条書きで挙げて下さい。

大事な話をします。最後まで静かに聞いてください。昼休みに避難訓練があります。避難訓練は，実際に地震や火災が起きたときに身を守るために行います。

昼休みです。身を守る方法を3つ言います。指を折りながら聞いてください。

1つめ。放送が聞こえたらしゃがんで静かに聞きます。

2つめ。校庭など広い場所では中央に集まります。

3つめ。近くに教室があったら机の下に入ります。

先生は3つ言いました。隣同士確認。3つ言える人？（発言）すばらしい！

避難場所は鉄棒前にクラス順です。（黒板に校庭の図を書いて）このように，早い順に男女2列で並びます。念のため隣同士で確認。

最後まで静かに聞くことができました。ありがとう。

はい，じゃあ，話すよ〜。え〜と，今日ぉ避難訓練があります！

時間は昼休みで，ええと，もしも自分が外にいたら，校庭の中央に行って，そのときは絶対にしゃべりません！

あと，もしも，校舎の中にいる人は静かに，ガラス窓や落ちてきそうな棚などから離れて，廊下であればしゃがんで，教室が近くにあれば，その教室に入って，どこでもいいので机の下に入って頭を隠します。

そのときもしゃべりません！

にやにやしたり，ふざけたり絶対しないこと！

で，放送が入るので，必ず放送を静かに聞く！　いいですか？　いいね！

で，並ぶ場所なんですがぁ，校庭の鉄棒の前に，男女2列で早い順です！わかりましたね！

■ 指示が通る先生，指示が通らない先生

子どもに指示をします。

ある先生の指示は子どもにスッと入るのに，ある先生の指示は入らないということがよくあります。

職場でも感じたことがあると思います。その違いは何でしょうか。

話し方の原則です。

話が上手な人は意識的に，あるいは無意識に話し方の原則に則った指示をしているのです。だから子どもに届くのです。わかりやすいのです。子どもはきちんと聞くのです。

では話し方の原則とは何でしょうか。

例えば以下の要素があります。

・短く話す　・実物，絵，図を示す　・数字を入れている

・趣意説明，見通しがある　・時間制限を設ける

・「ちゃんと」「きちんと」の中身を具体的に語っている

・視線が聞き手に行き渡っている

これらの話し方をきちんと使い分けています。

これが習慣化すれば，学級でも，学年でも，全校でも子どもに伝わる話し方ができるようになります。

■ 言っただけで気が済んでいる

伝わったかどうかを確認しましょう。

これを習慣化するだけで，ずいぶんと先生の負担が減ります。

「言ったでしょ！」こわい！「それ，さっき言いました」つめたい！

子どもも先生も嫌な思いをしないで済みます。

「今，先生が言った2つのことを隣同士で確認」

たった10秒の労力と時間で，子どもは安心し，先生もストレスフリーです。

最後に指名して，言えたらほめればよいだけです。

様々な評価に関する場面で，日頃自分はどうか，下表の項目を YES か NO で進んで振り返ってみましょう。自分だったらどうか日頃を振り返り，YES か NO で進んでみましょう。

結果が必ずしも当てはまらないこともあるかもしれませんが，日頃の自分の評価を振り返ってみるということが大切です。

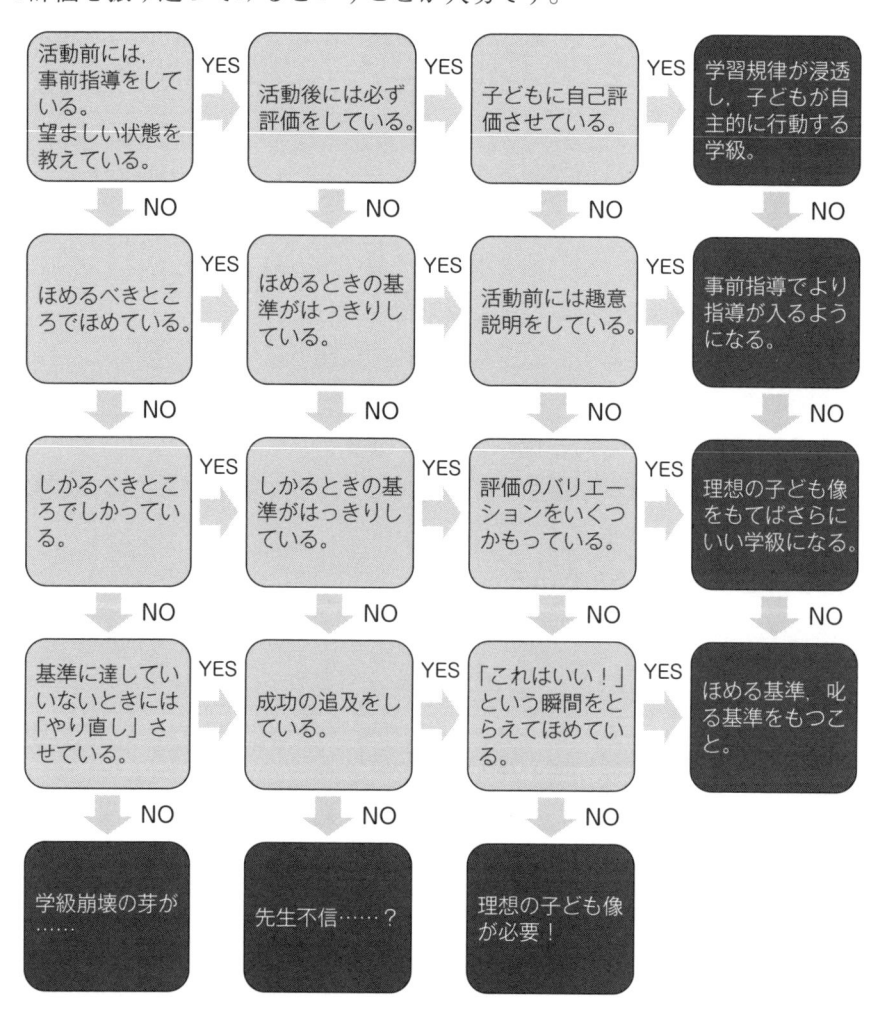

■ 評価するから子どもに定着する

　教えたことが子どもに定着するのは，評価するからです。

　子どもに変化を与えるのも評価です。このままでいいのか，いけないのか，どの程度目標に達しているのか，いないのかが評価によってわかります。

　子どもはどの子もよくなりたいと思っています。

　しかし，活動の後に先生からどこがどのようによかったのか，悪かったのか評価してもらえないと子どもは不安になりやる気がなくなってしまいます。

■ 3つの評価

事前評価	理想的な姿をインプットさせることで，その後の行動がスムーズになります。	例：「〜くんは，丁寧にできるからね。みんな見ていてね。ほらできた」
形成評価 （途中の評価）	活動中，これはすばらしいと思えた瞬間を見計らって評価することで，その後もずっとよい状態が続きます。	例：「みんなとても静か。先生驚きました。ぜひ続けてください」
事後評価	子どもの活動後にほめたり，指摘したりすることで，次はどうしたらよいのかということを子どもに気付かせることができます。	例：「教室がピカピカですね。がんばって掃除しましたね。立派です」

■ 大事なことは子どもの口から

　自己評価させましょう。子どもは内省し，自分で納得して初めて能動的に行動します。子ども自身がつかみ取るから，主体的に変容するのです。

　自分たちの言動の良し悪しに気付かせ，子どもの口からよかったこと，よくなかったことを言わせましょう。

■ 評価しない先には何が待っている……？

　評価しないと定着しません。先生の「指導したつもり」で終わってしまいます。よくある「言ったよね？」という言葉が増えてきます。

　定着しないので先生はイライラします。怒ります。

　子どもは納得いかないので，関係が悪化します。先生不信になります。

　それが悪化すると……。学級が崩れていきかねません。

　子どもをきちっと評価して，一人一人を高めていきましょう。

3 非言語のワザ

朝の会の場面です。Ａ先生もＢ先生も同じ話をしているのに，それぞれの
クラスの子どもの反応が異なるのはなぜでしょうか。
２人の先生の特徴と，そこから受ける影響を考えてみましょう。

> 朝の予定です。１時間目は国語です。
> 昨日の続きです。
> 　２時間目は，生活科です。昔遊びをやりますよ……

Ａ先生

Ｂ先生

■ 子どもに話を聞かせられる先生とそうでない先生

　子どもが集中して話を聞く先生とそうでない先生とに分かれます。その差は何でしょう。

　実は，話し方の原則をさらにパワーアップさせるワザがあるのです。

　それが，非言語を活用することです。非言語のコミュニケーションスキルです。

　これは話し方の原則と同じく意識すれば誰でもできるので，ぜひ身に付けてほしいワザです。

　どんなワザがあるか記す前に，子どもに話をうまく聞かせられる先生とそうでない先生にどのような癖や特徴があるのか，左ページのイラストを見ながら比べてみましょう。

	A先生	B先生
視線	子どもの目と合わせている →視線を一人2秒間おくことで，子どもは安心感と緊張感の相反する2つの感覚を味わいます。だから集中するのです。	子どもの目と合わせない →言葉が宙を浮きます
表情	表情が豊かで笑顔が多い →笑顔でいると子どもが安心します。表情筋を上げるだけで，プラス思考になります。楽しいことが増えてきます。	表情が硬い →こわいです。表情が硬いと声も単調になります。抑揚のない声に子どもは興味をもちません。
動き	ジェスチャーを使う →変化があってわかりやすいです。特に描写で語るときは有効です。	棒立ちで動きなく語る →変化がないのでわかりづらいです。
実物	実物を用意している →視覚情報は圧倒的です。どの子も注目します。	言葉のみで伝えようとする →聴覚情報だけではわかりづらい子がいます。

　このように，非言語は子どもの前に立つときにとても大切です。

4 生活指導のワザ

> ある小学校の５年Ａ組の授業風景です。学級崩壊の芽を探してみましょう。

　この学年にはＡ組，Ｂ組の２クラスあり，４年生終わりのクラス替えでは，男女比，学習面，運動面，人間関係面，生活指導面ではほぼ同じになるように分けました。どちらのクラスの先生も教師歴は同じ。２人とも男性。背丈，容姿も似ています。

　４月は２クラスともに落ち着いていました。しかし，２学期ごろからＡ組の様子だけが変わったのです。２学期後半には，誰の目から見てもＡ組は「崩壊」状態でした。

　５月ごろは，やんちゃな子２名だけが目立っていたのが，今では６，７名がやけに目立っています。まじめな（だっただろう）子も，今は学習に乗り気ではない様子。発表しても聞いている子が少なく，間違えると笑われることもあるようです。

　分岐点は２学期ではなく，実は４月，５月，６月。原因は生活指導をおざなりにしていたこと。Ａ組の担任は，子どもたちにやさしくしよう，子どもたちと仲良くなろう，嫌われたくないと思い，毅然とした指導はしませんでした。その結果，特別支援の必要な子，やんちゃな子，普通の子，まじめな子の順に気持ちが離れていきました。

　本書で述べるような，生活指導の土台を指導しなかった。事前指導もないし，評価もない。事後指導，つまり後追いで，あとから叱るだけ。ダメなことをダメだと言わない。いい行為をした子をほめない。そして上のイラストのようなクラスになってしまったのです。

■ 崩壊しない学級

「土台ができている学級は崩れない」

　もし仮に授業内容がイマイチだったとしても，土台がしっかりとできている学級は学習が成立し，学級は安定します。

　では「土台」とは何でしょうか。それが生活指導なのです。返事，挨拶，挙手，立ち方，聞き方，姿勢，物の管理，机上整理などです。

■ 生活指導の方法……基本は授業の中で

　斎藤喜博の弟子である川嶋環氏は，授業をしながら生活指導をしています。こんな子どもになってほしいという哲学（理想とするイメージ）があるからこそ，授業中の要所要所で適切に指導できるのです。

　やり方は簡単です。自分の理想とする行動ができている子がいればほめればいいのです。いなければ教えます。できたらほめます。それだけの話です。

　これを繰り返すことで生活指導がきちっと子どもの中に入っていきます。

■ 心身相即とブロークンウインドウ理論

　心身相即とは，体が整えば心も整う，正しい体の使い方をすれば心も正されていくということです。生活指導には心身相即の理論が応用できる場面があります。返事ができて，背筋が伸びて，視線がまっすぐ教師に向かう子どもたちの学級が知的な空気を醸し出すのはそのためです。

　「ブロークンウインドウ理論」とは「壊れた窓理論」とも言って，1枚ガラスが割れていると心がすさんでいき，窓ガラスが割れている感覚が当たり前となり，他の窓ガラスも割られていくという理論です。少しでもゴミが出始めると，教室は瞬く間に汚くなります。机の上もそうです。姿勢のしつけと学習環境の整え方を教えることで，学級はずいぶんと落ち着きます。

■ 荒れの兆候を見出だしたら即指導

　ある日突然，学級が崩れることはありません。徐々に，じわじわ訪れます。

　しかし，荒れには必ず兆候が見られます。生活指導は予防に力を入れるほど効果を発揮しますが，当然予防しきれずに子どもが荒れの兆候を示すことがあります。そんなときはそれを見逃さずにすぐに指導します。

5 関係づくりのワザ

学芸会の本番まであと1週間前。少し気が抜けて，練習前にだらだらしている子が多い。ここで，教師が一喝。

> 全員集合！ どうして集まったかわかりますか！ 自分たちで本気でやるって言っていたのは嘘だったの？ 口だけじゃない？ 最後の学芸会でしょう！……

これに対して，2つのクラスで子どもたちの反応が分かれた。

先生は本気なんだな

申し訳ない

やっちゃったな

ちっ，始まったよ

うぜーな，また説教だよ

はいはい，どうせまた俺たちが悪いんでしょ

この2つのクラスは，何が違っていたのでしょうか。

■ 関係づくりの意味

「まずは子どもと信頼関係をつくろう」

「児童理解を深めよう」

よく言われる言葉です。

なぜでしょうか。どうして，子どもとの関係づくり，児童理解が大事なのでしょうか。私には2つの考えがあります。

1つめは，関係ができると指導が入るからです。

2つめは，関係ができている限り学級は崩壊しないからです。

■ 関係ができると指導が入る

先生と子どもの間に信頼があれば，指導がスッと入ります。普通の指示内容がスッと入り，叱っても先生のメッセージがスッと入り，ほめれば先生の思いがスッと入るのです。

「この人が言うのなら……」と子どもは感じます。だから，関係づくりがスタートラインとして語られるのです。

■ 関係づくりができれば学級は崩れない

大好きな人に，嫌がらせをしようとする人はいません。その人をあえて傷つけるようなことはしません。

反対に関係ができていない，壊れている場合，指導しても入りません。むしろ指導すればするほど，子どもは遠ざかります。

信頼関係がないところでは，言葉は宙に浮くからです。

■ 子どもとの関係のつくり方

人間関係の原点はⅠとYOU，1対1です。1対1で関わる回数が多く，時間が長いほど，その子との関係性は高まっていきます。

関係づくりの近道は，子どもを認め，励まし，ほめることです。子どもの長所をほめていきましょう。最後に，こちらが伝えるだけでなく，聞いてあげることも大切です。

6 子どもの自尊感情を高めるワザ

同じ行為をした子どもに対して，A先生とB先生では対応が異なるようです。あなたはどちらのタイプでしょうか。

■ 作文の授業で子どもが3行書いたとき

え，5分たってまだ3行？？
ありえないでしょ。
なにやってたの？

おお，3行書けたね
この調子でサクサク書いちゃおう。
で，続きは……

■ 発言で子どもが間違えたとき

なんで？　違うよ。
昨日やったじゃん。
どうして……

おしい！　でも，手を挙げて答えようとしたやる気がえらい！

■ 跳び箱が全然できないという子どもに

違うよ。そうじゃないって言っているでしょ。
だからできないの！

手の付く位置と助走は，ばっちり。最高。あとは，両手に体重をしっかりのせよう。

■ ほめられるとやる気が出る

人はほめられるとうれしくなります。大人も子どもも同じです。ほめられるから次もがんばろうと思えるのです。

反対にダメ出しばかりされていては，やる気はなくなっていきます。

子どもは可能性に生きています。長所をたくさんほめて，どんどん伸ばしていきましょう。マイナス面ではなく，プラス面を見られる方が子どもの自尊感情は高まります。

■ 話し言葉でほめる・ほめ合う

先生が子どもをほめる場合はたいていの場合，口頭で伝えることが多いのではないでしょうか。どんどんほめましょう。

しかし，先生だけがほめるよりも，友達同士でほめ合うのもとても効果的です。学級が温かくなりますし，何よりもほめられた子の自尊感情がグッと高まります。

言葉でほめ合ったり，励まし合ったりする方法として「目標じゃんけん」という実践があります（p.136）。これはハイタッチや握手など身体的なコミュニケーションも入りますので心の距離が縮まります。もちろん自尊感情も高まります。

■ 書き言葉でほめる・ほめ合う

書き言葉でほめる方法があります。

たまに先生が手紙を渡すという方法もあるでしょう。すばらしい熱意だと思います。

しかし，これも先生だけでやるよりも友達同士でほめ合う方がより効果的な場合があります。先生の負担も減ります。

サンキューコメントカード実践と私は呼んでいます（p.140）。友達の作文や作品にコメント書いていくというシンプルな方法です。でもこれはすさまじい効果を発揮します。

子どもは「学校に来てよかった」という表情をします。それだけ自尊感情を高める方法です。

7 教師の在り方

■ 教師の在り方，哲学って何？

先生にとって最も大切なものが，教師の在り方です。

一言でいうと，先生自身が何を大切にしているのか，いかに生きているかということです。

なぜ在り方が大事かというと，在り方から語られた言葉のみ，人を動かすからです。

子どもに大きな影響を与えるのは，小手先の技術ではなく，先生の生き様から出る言葉や行動です。

在り方とならんで大事なものが，教師の哲学です。

一言でいうと，どんな子に育てたいのか，どんな力を付けさせたいのかということです。

なぜ哲学が大事かというと，哲学が指導を規定するからです。

どんなにたくさんの教育技術を知っていても，その技術を何のために，何に向けて使えばいいのかわからなければ望ましい効果は得られません。

知っている教育技術をその場しのぎで使ってしまったり，ただ盛り上がるから，はやっているからという理由だけで使ってしまったりしては子どもに力を付けることはできません。

「思想を具現化したものが教育技術だ」と有名な先生が言っていました。

その通りだと思います。

だからこそ，思想（哲学）が大事なのです。

よりよい思想（哲学）をもつことが，よりよい技術を生む源となるからです。

しかし，哲学，哲学と言ってもどうやって自分の哲学をもてばよいのかわからないと思います。

そこで本書では私になりにその答えを記しましたのでお読みください。

■ 何のために子どもの前に立っているか

価値のある教師って何なのでしょう。

それは子どもに変化を与えられる先生です。

できなかった子どもをできるようにさせる，わからなかったことをわかるようにさせる，学習が苦手だった子どもを得意にさせることができる先生です。

私の恩師は言いました。

「おい西野，10歳にもならない子に『俺にはみんなと違ってできないことが多すぎる。俺の人生はこんなもんか』と思わせたらだめだぞ」

子どもに自信を付けさせるのが先生の役割です。

これも哲学のうちの1つです。

■ やはり大事なのは子どもを思う気持ち

最終的には気持ち，熱意だと思います。

その子が生きていくうえで必要な力を身に付けさせたい。

哲学が生きるのは，この熱意があるからです。

熱意，在り方が哲学を支えます。

哲学が指導を決めます。

指導が子どもを変えます。

原点は目の前の子を思う気持ちです。

■ 先生も人間。休み休みでいい

在り方，哲学についてすご〜く真剣に書いてきました。

矛盾するようですが，休み休みやりましょう（笑）。

先生の仕事は本当に大変です。

どうしても苦しくなってしまう時期があるものです。

「何でうまくいかないの」

「自分は教師に向いていないんじゃないの」

大丈夫です。そんなときはゆっくり休みましょう。人に頼りましょう。

そんなにがんばりすぎないでよいのです。

2章

子どもがサッと動く！統率のワザ **68**

基礎・基本

子ども集団を動かすときに効果バツグンのスキルが満載。指示，説明が苦手な先生はここから読み始めてください。伝わりやすい話し方にはコツがあります！

評価

集団を動かす二本柱のうちの1つ。指導内容を定着させるために必須です。すぐにできるのに，効果の高い評価方法をご紹介。

非言語

意識するのとしないので，子どもへの伝わり方が180度変わる！　子どもの前に立つときに，これだけは心がけておきたいスキルが満載です！

生活指導

子どもが荒れる前にぜひ取り組みたい！これで，叱らずに日々の生活指導ができます！

関係づくり

先生も子どももどちらも人。「あの先生の言うことなら聞こうかな」そんな関係をつくる秘訣を伝授！　人間関係がうまくいくと，温かい雰囲気になり毎日が楽しくなります！

自尊感情

先生が行う最大の仕事は子どもに自信を付けさせること。先生と子どもとのかかわり合いだけでなく，子ども同士がほめ合い，高め合う方法はぜひオススメです！

在り方

これを抜きには教育技術は語れません。最終的には，教育は人です。哲学をもつ意味，哲学の作り方を考えましょう！

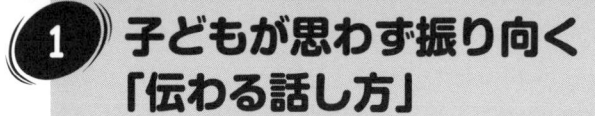

1 子どもが思わず振り向く 「伝わる話し方」

> 内容がよいだけでは伝わりません。「語尾」「抑揚」「口癖」の３つをチェックしましょう。

■ 聞きづらい話し方

　話を聞かせるのが上手な先生とそうではない先生がいます。

　その違いはなんでしょうか。

　一生懸命やっていても，なぜか話を聞いてくれないということはありませんか。

　その１つに話し方があります。

　話す内容は素晴らしくても，話し方がよくないと，伝わりません。

　子どもが無意識のうちにシャットアウトしてしまうのです。

■ チェックポイント１　語尾を上げてしまう　⇒　語尾は下げる

　「これからぁ，みなさんはぁ，運動会練習をします！　それでぇ，みんなでがんばるものなんだからぁ……」

　「みんなのぉ，今の態度はぁ，よくないと思います……」

　このように文節，文末で語尾が上がってしまう先生がいます。

　語尾を強くすると，無意識のうちに威圧感を与えてしまいます。

　また，話が途切れづらいので理解もしづらくなります。

　学級が荒れ気味の担任の先生は，語尾を強く話してしまう傾向があると感じています。無意識のうちに，感情が声に表れているのかもしれません。

　反対に，話し上手の先生は例外なく，語尾は下がっているはずです。学校の中で，見つけてみてください。

　最も学びになるのは，録音とダメ出しです。同僚の先生に，「語尾が下がっているかどうか教えてください」と頼みましょう。

これからぁ，みなさんはぁ，
運動会練習をします！　それでぇ，
みんなでがんばるものなんだからぁ…

語尾が上がってしまう先生は意外と多い?!

■ チェックポイント2　単調　⇒　抑揚・間・スピード

「前へならえ」

「体育館では，男女3列ずつになります」

これらを指示するとき，どうしていますか。

単調に話しても伝わるかもしれません。しかし，抑揚，間，スピードを意識するとより伝わりやすくなります。

「前へぇ……，ならえ！」というように，「前へ」で間を取り，「ならえ」を強く速く言うだけで，子どもの集中力が変わります。

「体育館では！」を強く大きく言ったら間を取ります。そして「男女分かれて3列ずつになりますよ～」とゆっくりとささやくように小さな声で言います。

■ チェックポイント3　癖　⇒　あ～，え～っと，で，はい

口癖を直しましょう。無駄な言葉，前置きがないほど，伝わりやすくなります。

ここが
ポイント
！

☐ 大事な言葉までは大きくし，大事な言葉はささやくと集中する
☐ 録音して聞く。尊敬する先輩に聞いてみるとレベルアップ

基礎・基本

評価

非言語

生活指導

関係づくり

自尊感情

在り方

② 確実に伝える「指示＋確認セット」

> 子どもの質問に「さっきも言った」と思うことがありませんか？　伝わったことが伝えたことなのです。

■ "言って終わり" になっていませんか？

　子どもに指示した後，次のようなことはありませんか？
〇質問をしてくる子に「さっき言いました！」と言ってしまう。
〇活動の合図を出したとたんに質問攻めを受ける。
〇活動になると，子どもが混乱したり，騒乱状態になったりする。
　なぜでしょう？
　答えは簡単です。指示の内容が伝わっていないのです。
　「伝わったことが，伝えたこと」
　プロコーチの吉田忍氏が言っていた言葉です。
　つまり，指示や説明は伝えたい内容が子どもたちに正確に伝わってこそ意味があるのです。
　子どもたちに伝わっていない場合，すなわち子どもたちが指示内容を理解していない場合，指示をしたとはいえません。
　「言ったのだから大丈夫」と満足せず，本当に伝わったのか確認するようにしましょう。

■ 確認の仕方

挙手指名
　指示をした後，質問します。
　「先生は3つのことを言いました。3つ言える人？」
　指名して発表させます。
　説明できたらほめましょう。

指示した後の確認を習慣付けましょう

基礎・基本

評価

非言語

生活指導

関係づくり

自尊感情

在り方

　ほめることで，その子の自尊感情が高まりますし，他の子に指示内容が共有されます。

　その子の発言が全体への確認になっているのです。

ペアトーク

　「今，先生が話した３つのこと。隣同士で確認し合いましょう」

　こう指示するだけです。

　このあと，挙手指名で発表させればさらに徹底できます。

指を折らせる

　ごくシンプルな方法ですが，効果的です。

　論点に沿って指を折って聞かせることで理解度は増します。

メモ

　必ず伝達すべきこと，徹底したいことはメモさせましょう。

　メモがきちんと書けているかペアで確認すれば，確実に伝達できます。

ここがポイント！

☐ 指示のあとに確認するだけで，混乱は激減
☐ 指示はインプットだけでなく，アウトプットさせることで確実
　　に伝達される

3 子どもをよりよく動かす「数字」の効力

> 指示，発問，説明に数字を入れるだけ。目標が明確になると子どもは力を発揮します。

なぜ数字を入れるとよいの？

理由は2つあります。

① **目安・目標**

数で目安・目標を与えます。

すると，どの程度はよくて，どの程度ではだめなのかはっきりします。あとどのくらいなのかもわかります。

はっきりした基準を示されると子どもは安心します。

安心できる環境だから最高のパフォーマンスを発揮できるのです。

② **思考が活性化**

数を言われると，思考が活性化します。

「いくつ」と限定されるからです。

2つ見つければいい。3人以上とかかわる。30秒分以内で行う。

人は数を示されると，その数の目標を達成しようとします。

数字を入れる　①説明編

指を折って聞く

「今から大事なことを3つ言います。指を折りながら聞きます。1つめ……」と指を折るという活動を入れることで集中力が増します。

緊張感をもたせる説明

「大事なことなので，1度しか言いません。しっかりと聞ける子は立派です」と指示することで，1回しかないと緊張感をもたせることができます。

静かになりましたね。
あと5人。……残り2人！
名前を言ってもいいですか？

数字を入れると緊張感が生まれます

数字を入れる　②指示編

回数，秒数，列数を示して明確に

「5回読んだら座ります。どうぞ」

「3つ数えたら静かにします。3，2，1。さすがですね」

「校庭に出たら，昇降口前に4列で整列します」

流れるプールで「3人は追い抜こう」

活動後は必ず評価です。できたらほめましょう。

緊張感をもたせる指示

「えらい！　ほとんどの人が静かになった。あと5人です。お，よくなった。まだ2人。2人は名前を呼んでいいですか？」

これだけでパッと静かになります。

数を示されると，限定されるので緊張します。

数字を入れる　③発問編

「図書室から戻るときに2ついいところがありましたね。何でしょう？」

「先の朝会でダメなところが2つありましたね。なんですか？」

個数を問われると，考えざるを得なくなりますね。

ここがポイント！

□　指示でも，発問でも，説明でも数を意識しよう

4 子どもにスッと入る「抽象→具体」の指示語変換

> 「ちゃんと」の中身は人それぞれ。誰が聞いてもわかる指示を心がけましょう。

■ 「ちゃんと」「しっかり」「きちっと」のイメージがバラバラ

ある日の掃除の時間，中学年男子Ａくんとのやりとり

「○○くん，もっとしっかり掃除しなさい」

「……（え，しっかりやっているのに。先生はよくわからないな）」

ある日の国語の時間，高学年女子Ｂさんとのやりとり

「ほら，ちゃんと書きなさい」

「は？　書いてますけど」

「（また反抗だ。）これできちんと書いているって言えないでしょ！」

「ちっ（はあー。うぜ〜）」

ある日の生活科の時間，低学年男子Ｃくんとのやりとり

「ちゃんとした姿勢で聞きなさい！」

「……（ん？　ちゃんと？）」

「聞こえないの?!　ちゃんと座りなさいって言ってるでしょ！」

「……（いつも，こうなるよ。嫌だなあ）」

　これらのコミュニケーションの悲しいズレは「しっかり」「きちんと」「ちゃんと」の中身が違うことが原因です。

　先生のイメージする「きちんと」とその子の「きちんと」が違うのです。

　Ｃくんのように「ちゃんと」の中身がわからないという子もいます。

■ 指示は具体的に

　以上のことからわかるように，「しっかり」や「ちゃんと」など基準が人によって異なる抽象的な指示は控えましょう。

ほら，ちゃんとしなさい！

黙って，こちらを向きます。
そのまま静かに聞いてくださいね

どちらの指示が伝わるでしょうか

その代わりに，指示をぐっと具体的にします。

誰が聞いてもわかるようにすればよいのです。

Aくんの場合

「ごみやほこりがなくなるように，隅から隅まではいているかな？」

「無言で，床を見て2マスずつほうきではこうね」

「はいた後に，ごみが残らないようにサッサッサと細かくはこうね」

Bさんの場合

「マス目からはみ出さずに，濃く，丁寧に書くことができているかな」

「黒板をそっくり写すよ。行を変えて書くようにしようね」

Cくんの場合

「背筋をピッと伸ばして，目は先生の方を向いてね。手は膝の上に置けるね」

「話している人は，手を置いて目を見て聞いてもらえるとうれしいんだ。できるかな」

こうすれば，向こうから疑問や反発は生まれません。

ここがポイント！

☐ 指示とセットで趣意説明することを忘れずに（p.38参照）

☐ 「しっかり」などの抽象語を具体語に変える訓練を！

☐ 具体的＋非命令口調でスッと子どもに入る（p.44参照）

5 「ゴールイメージ」の共有で 8割方が成功

活動のはじめには見通しを！ 子どもは目的があるとやる気が倍増します。

活動前に見通しをもたせ, ゴールイメージを共有する

指導の基本中の基本です。

行事, 各教科の単元, 一単位時間の授業, すべてにおいて必須の指導があります。

それは, 見通しを示すことです。

最初にゴールイメージを全員で共有しましょう。

子どもに「ああ, これをやるんだ」「〜のためにやるんだな」「〜っておもしろそう。早くやりたいな」と想像させることが大事です。

これがないと, 趣意説明の原則（p.38）で述べるように, 目的がわからないし, 活動もぶつ切りになり, 子どものやる気が下がってしまいます。

ゴールイメージのもたせ方

教科, 活動によって大きく違いますが, ゴールのイメージは次の方法で示すといいでしょう。

映像

学芸会の劇, 運動会の組体操など人数が多く, 子どもが話したり, 動いたりする活動の場合は映像が適しています。

教師の演示

体育の側方倒立回転（側転）や民舞などの動き, 国語の毛筆書写の運筆, 総合のポスターセッションや調べ学習の発表など動きや言葉を示したいときに便利です。

全体のうち，今はここだよ。
ちょうど半分まできたね。
あと1週間でゴールのここまで
いくよ。

全体像を見える化しましょう

実物

　絵，ポスター，リーフレット，工作，ノートまとめ，新聞づくりなど作品として形に残るものは実物を示します。

全体のうち，今はここだよ

　行事指導や単元の学習では，毎時間伝えるべきことがあります。

　それは，ゴールまでの道のりです。

　ゴールまでの全過程のうち，現在はどこに位置付くのか，ゴールまであとどのくらいなのかを示しましょう。

　紙に数直線を書いたり，表にして矢印で示したり，視覚化するとより効果的です。

　全体像が示されれば，どのくらいの期間に，どの程度まで作業をすればいいのか子どもはわかるので安心します。

　その安心感が集中力を生むのです。

ここが
ポイント
！

□ 子どもの心を揺さぶる"ゴール"を設定できれば授業や行事は8割方成功したと言われるほど大事！

□ 教科や単元によっては種明かしをしない（あえてゴールを示さない）方が楽しいこともあるのでゴールを吟味しよう

基礎・基本

評価

非言語

生活指導

関係づくり

自尊感情

在り方

6 教師に二言なし！指示内容は「貫き通せ」

> たとえ指示ミスがあっても致命的でない限りそのままに。混乱と不信が最大の敵です。

一度した指示内容は変えない

一度，指示をしたことは変えないようにしましょう。

指示した内容で進行しているのであれば，それは変えてはいけません。

「あっ」と思っても，致命的なミス以外はそのままにした方がよいです。

なぜでしょうか。

混乱と不信を巻き起こすからです。

混乱と不信の原因は先生が作る？

全員に指示して全員が作業中です。

そのときにある子どもが質問しにきます。

「～してもいいですか」

先生が最初に指示した内容とは少しずれますがその子どもの工夫だと考え「よし」としたとします。

先生は否定するのはかわいそうだからよかれと思って OK を出しました。

するとその子どもの周りにいた子どもは「ああいうふうにやってもいいんだ」と理解し，その子どもたちも最初の指示と違ったことやります。

しかし，しばらくするとその子どもたちの周りで声が聞こえます。

「えっ!? いいの？ それやっていいの??」

「それ先生が言ったやり方と違くなーい？ ずるいよ！」

「先生，○○さんたちが勝手に～しているんですけど」

「～～しちゃだめですよね？」

質問攻めです。しかも不満のこもった質問です。

心の迷い，葛藤を捨てて，貫き通しましょう

　先生は困って「ああ，先生がいいよって言ったんだよ。○○さんが考えたいい工夫だよね」と言います。

　「はあ〜??　なんだよそれやっていいのかよ〜」

　「俺，心の中で〜〜使いたいって思っていたけど，先生が言っていなかったから使わなかったのに」

　「だったらはじめからそうすればよかったし！」

　混乱した結果，先生への不信が募っていってしまいます。

指示の最後には質問　＋　指示を変更するなら全員に

　このような私が体験した失敗をしないためにはどうしたらよいでしょう。

　指示の最後に質問を受け付ければよいのです。

　万が一変更するなら「みなさん，作業中ごめんなさい」と謝ります。全員の手が止まったことを確認します。

　変更点とその理由を伝えます。

　「みんなのために」という意図がわかれば全員が納得します。

　最後に「ありがとう。では続けてください」と感謝を伝えます。

ここが
ポイント！

- [ ] 指示の変更をしないで済むように，綿密な計画，予測が大事
- [ ] 指示も全員に，質問も全員に，変更も全員に！

7 聞かせる教師の指示は「端的」

力ある先生には，共通した５つのスキルがあります。

話を聞かせるのが上手な先生の特長

「同じ内容を伝えているのに，どうしてA先生の話はしっかりと聞いて，自分の話はしっかりと聞かないのか」

初任者時代，よくこう思っていました。

本を読んで調べたり，校内の先生方を観察したりしながら，よくよく考えて見ました。

すると，話を聞かせることが上手な先生には，いくつかの特長があったのです。

端的な指示は，テンポがよいから集中する

その１つが端的な指示です。

力のある先生方は例外なくどの方も皆，指示が短く，端的です。

なぜでしょうか。

テンポがよくなるからです。

テンポがよいから，だれずに最後まで集中して聞くことができるのです。

指示が短いということは，話す内容が精選されている証拠です。

聞く時間が短く，テンポがよい。

これで子どもが聞かないはずがありません。

端的な指示　５つの習得法

① 一文一義

話すときは，一文に伝える内容を１つだけと絞ります。

5つのスキルを身に付けましょう

　一文一義だと，聞いている人は一文ごとに頭に入れればよいので大変理解しやすくなります。

② **句点を多く**

　短い指示は，1文が短いのです。

　つまり，句点が多いのです。

　句点が多いと，一文ずつ咀嚼できるので理解しやすいのです。

③ **メモを作る**

　話したいことが精選され，思考が整理されます。

　伝えることだけに絞り，要旨だけメモをします。

④ **真似る**

　指示が上手な先生の指示の仕方を真似てみましょう。

⑤ **口癖に気付く（ビデオやレコーダーに録音して）**

　「え〜……」，「はい，ではぁ……」など口癖に気付きましょう。

　なぜ口癖がダメなのでしょうか。

　テンポの大敵，“無意味な間”ができるからです。無意味な間は子どもの集中力をどんどんむしばんでいきます。

□ 全校朝会，集会，職員会議などの場面を練習の機会にしよう！
□ ①〜⑤を1つずつ改善していくと3週間でガラリと変わる！

基礎・基本

評価

非言語

生活指導

関係づくり

自尊感情

在り方

子どもも納得して行動する 「趣意説明の原則」

指示オンリーでは子どもはやる気をなくします。行動の意味を伝えましょう。

■ 指示だけになっていませんか？

「背筋を伸ばして，座りなさい」

「ごみを拾いなさい」

「ドアを閉めて」

「早く準備しましょう」

　子どもをよくしたい，もっといいクラスにしたいという思いから，このように指示をたくさん出します。

　しかしその結果，子どもが自分から離れていってしまった，やる気をなくしてしまったという経験はありませんか。

　私にはあります。

　なぜでしょう？

　すべて指示だけだからです。

　指示だけで行動を求められると，子どもはだんだんとやる気をなくしていきます。

　教師の言葉によって，ただ動かされている感じになり，やらされている気分になってくるからです。

■ 行動の意味，目的を伝える　⇒　納得して行動できる

　では，どうすればいいのでしょうか。

　指示の意味を説明するのです。

　このことを向山洋一氏は『授業の腕をあげる法則』のなかで「趣意説明」の原則と記しています。

6年生は学校の顔と言われます。
みなさんのことを下級生が真似します。
だから，静かに廊下を歩くようにしましょう。

行動の意味を伝えると子どもは納得して活動できます

基礎・基本

評価

非言語

生活指導

関係づくり

自尊感情

在り方

　人間は知的な存在です。

　目的がはっきりしておらず，行動の意味を理解できていない状態で，その行動を求められることに強いストレスを感じます。

　指示の前に「どうして〜をするのか」という行動の意味，目的，メリットを伝えることで，子どもは納得して活動できるのです。

趣意説明　＋　行動　の例

【趣意説明】　　　　　＋　　　　【行動の内容】

【趣意説明】		【行動の内容】
やる気が出て賢くなります。 教室をきれいにします。 エアコンが付いています。 校長先生が待っています。 6年生がお手本になります。	だから	背筋を伸ばしなさい。 ゴミを拾いなさい。 ドアを閉めて。 早く準備しましょう。 まっすぐ並びましょう。

ここがポイント！

☐ 趣意説明をしてから，指示を出すことを習慣にしよう
☐ 事前に，先生の中で行動の目的，意味を明確にしてくことで指示するときに迷ったり，ぶれたりせずに済む

9 子どもをその気にさせる 「メリット・期待型指示」

趣意説明にプラスαで「やらされている感」を「やってやる」にチェンジします。

■ 趣意説明よりも，やる気を生む指示

向山洋一氏の趣意説明の原則にしたがって指示をすると，子どもたちが安定します。

が，もっと子どもたちが生き生きと行動する指示，「よ～し，やってやろう！」という指示はないかなと考えました。

そこで実践しているのが，メリット・期待＋指示です。

■ メリット ＋ 指示

例えば，視写の指導をするときです。

ただ，やりなさいというだけでは，子どもの中に"やらされている感"が残ります。

そこで，視写の指導をする前に，次のような指導をします。

「これをすると，次のような効果，よさがあります」

と言って，パワーポイントの画面に次の文字を出します（画用紙に文字を書くやり方も可）。

「文章がスラスラかけるようになる」

「集中力が高まる」

「作文のレベルが上がる」

「書くスピードが速くなる」

少し考えさせた後，答えを告げます。

これだけで，視写への意欲はぐっと高まります。

メリットをたくさん告げられると，やりたくなります。

最上級生として，
全校のお手本となるように
美しく並ぶことはできますか？

期待の言葉で子どもたちはやる気が出ます

「そんないいことがあるんだったら，やってみたい」という心理になるように動機付けるのです。

■ 期待 ＋ 質問型 の指示

趣意説明とともに，期待の言葉をかけてから問います。

全校朝会の整列

「最上級生として，全校のお手本となるように美しく並ぶことはできますか？」

廊下歩行

「立派なみなさんならできるはずなので，伝えるんですけど，今，他の学年の人達は授業なので，静かに廊下を歩くことができますか？」

期待をかけられると子どもたちは"その気"になります。

そして質問されると，"よし，やってやる！"という気持ちになります。

ピグマリオン効果を応用した技です。

ここが
ポイント
！

☐ 子どもがきちんとできたら評価すること
☐ 評価によって「次もがんばるぞ」とやる気が高まる

⑩ 集中力アップで活動をスムーズにする「タイムリミット方式」

具体的なゴールがあると子どもは集中して取り組みます。できたらほめるも忘れずに。

■ 活動の指示　＋　時間制限　＝　集中力 UP

　時間制限を設けましょう。

　活動は時間で区切りましょう。

　時間を指定されることで，あるいは時間を自分たちで設定することで，子どもたちは集中して活動するようになります。

　なぜでしょうか。

　それは見通しをもち，安心して活動できるからです。

　制限時間という1つの目標があるからこそ，実力が発揮されるのです。

■ 時間制限　ゲーム感覚　帰りのしたく編

　時間制限が有効な場面はたくさんあります。

　例えば，帰りのしたく，給食の準備，清掃指導などです。

　帰りのしたくはゲーム感覚で楽しめます。

　「みなさん，今から帰りのしたくです。みんななら何分でできますか？ちなみに，去年の1年生は2分でできたけど……」

　ここで軽く挑発します。

　数名に聞きます。

　「では，本当に2分でできるかやってみましょう。全員のランドセルが机に置かれて，静かにこちらを向けたらストップウォッチを止めますからね。」

　どんな活動でもそうですが，このように具体的なゴール設定（終わりの姿）を示します。

　時間内にできたら，ほめましょう。

時間制限があると実力が発揮されます

時間制限　競争編

　時間制限のよさの1つに，競争心が高まるというものがあります。

　時間内にどのくらいできるか，となると子どもは燃えます。

教科書末尾の漢字一覧表の音読

　1分間でどれだけ読めるか速読するのも有効です。

　超高速で読ませます。

　楽しみながら，漢字の読みを定着させることができます。

社会科資料の読み取り

　個人でも，班対抗でもできます。

　写真，図，グラフ，表などの資料を示します。

　その資料からいくつの気付きが書けるかという課題です。

漢字ゲーム

　「さんずい」の付く漢字を1分間でいくつ書けるか。

　口に二画足してできる漢字が2分でいくつ書けるか。

　最も画数の多い漢字はどれか。2分で探す。

□ 活動には時間制限を設ける意識をもつ
□ 時間制限＝ゲーム感覚＝やる気を生む

基礎・基本

評価

非言語

生活指導

関係づくり

自尊感情

在り方

11 子どもがすんなり聞き入れる 魔法の言葉「かもしれないよ」

命令口調では反発や抵抗を生むだけ。提案型・質問型なら子どもも受け入れます。

■ 反発・抵抗を生む断定，命令口調

「そのわがままな性格を直しなさい」

「自分勝手をやめなさい」

「もっと人にやさしくしなさい」

「どうして宿題をしないの？」

「その姿勢がよくないって言っているの！」

「雑でしょ。丁寧に書き直しなさい」

これらの指示で子どもは変化しますか。

一時的には変わるかもしれません。

しかし，継続的な変化はなかなか生まれませんよね。

どうしてでしょう。

それは言い方が断定的で，命令口調だからです。

人は自分が納得し，理解できたときに初めて行動が変化します。

人から「ああしなさい」「こうしなさい」と言われると反発や抵抗を生んでしまうことが多いです。

■ 魔法の言葉「〜はどう？」「〜かもしれないよ」

子どもを変えるための近道は，話し合うということです。

相手の気持ちを受け止め，最後にこちらの要求を示すというものです。

時間はかかりますが，その子が変化するので長期的に見ると近道です。

① 承認

まずその子のがんばりを認めます。

きつい言い方を直しなさい。
だからケンカが増えるの

もう少し言い方に気を付けると
よくなるかもしれないね。
どう思う？

どちらが子どもに受け入れられやすいでしょうか

具体的にその子のよさを言います。

以前との変化を伝えてあげましょう。

② 質問 「～はどう？」

話していく中で，その子自身に現状を認識させます。

「～さんとの関係はどう？」

「～さんと本当はどうしたいの？」

その子が何を求めているのか理解します。

「そうか。○○さんは，～さんと仲良くなりたいんだね。わかるよ」

とその子に返してあげます。

③ 提案 「～かもしれないよ」

最後に提案します。

「なるほどね。そうだとしたら○○さんはどうすればいい？」と聞き，答えが出たらそれを応援します。

出なければ「だったら，もう少し相手の意見を聞いてあげるといいかもしれないよ」と先生の思いを伝えます。

押しつけではないので，子どもの中にスッと入っていきます。

ここが
ポイント！
□ 変えたい子には時間をかけて話し合い「～はどう？」「～かもしれないよ」と質問と要求をするといい

12 大声で叱れないときに効力発揮の 「指示カード」

叱りたいけど大声を出せない校外学習。そんなときに効果的なのが視覚資料です。

■ 校外学習で困ること

社会科見学や移動教室で困ることはありませんか。

騒がしくなってしまい，静かにさせたいけれど，大声を出してはいけない場所なのでどうすることもできない……。

子どもたちが説明を聞かない……。

道路を広がって歩く……。

前の子との間が空きすぎる……。

ハンドサインをしても気付かないし，ハンドサインでは伝えきれないことがある……。

これらの問題を楽々解決できる方法があります。

■ 指示カード　作り方

右ページのイラストのように，指示のカードを見せるのです。口頭で伝えたいことをカードに書いておきます。

これだけで，子どもたちの動きはガラッと変わります。

一度作ってしまえば，数年はもちます。

まずA４程度の大きさの厚めの画用紙を用意します。スケッチブックでもいいでしょう。

１枚につき，１つの指示を書きます。端的に書きます。

遠くからでも読めるように，極太マジックで大きく書きます。

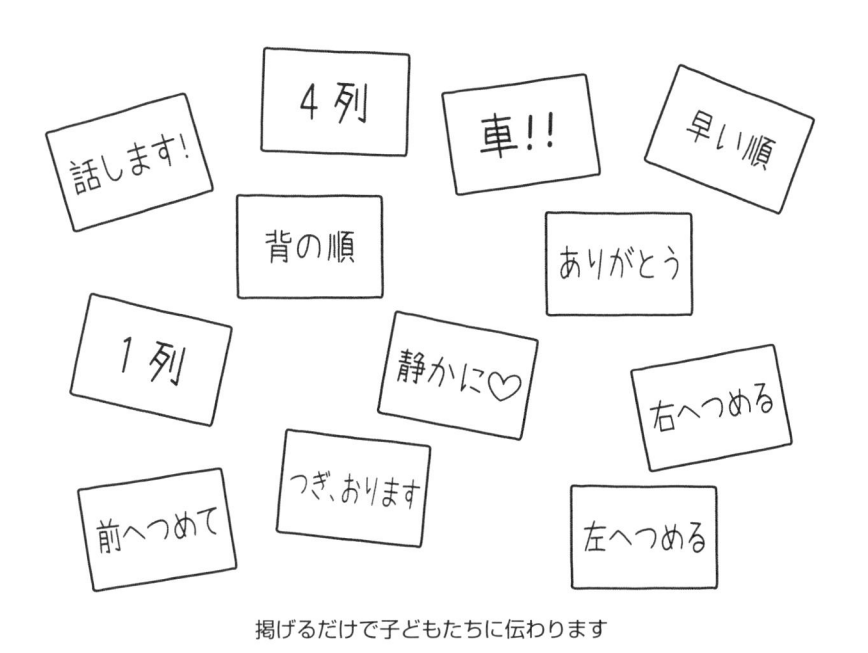

掲げるだけで子どもたちに伝わります

■ 指示カードも事前指導

　事前に教室で指導します。

　「校外学習ではいろいろな場所に行くので，指示が通りにくくなることがありますね。時には，先生も声を出してはいけない場所もあります。安全でスムーズに校外学習ができるように，先生はこんなカードを用意したので，先生がカードを示したらこれを見てください。早速やってみましょう」と言って趣意説明をしたら，実際にいくつかやってみます。あとは当日です。

　指示カードに気付いてすぐに実行してくれた子どもを思い切りほめます。

　すると，他の子どももどんどん指示カードを見て行動するようになります。

　先生が叱る機会がぐっと減るはずです。

 □ 気付いた子をほめることで，他の子もどんどんまとまっていく
□ 特別な支援が必要な子だけでなく，どの子にもわかりやすい

グループ学習が崩壊しない！2つの先手必勝法

> 「目的意識」と「声の音量調節」を事前に指導すれば，ふざける子どもが激減です。

グループ学習が騒がしくなってしまう原因

グループで話し合いをするとき，騒がしくなりすぎてしまうことはありませんか。

私の初任時代は途中からふざけだす子が出たり，声の音量が大きくなりすぎたりして収拾がつかなくなり，よく怒鳴ってしまったことがあります。

振り返ってみて決定的にかけているものが何かわかりました。

それが，事前指導です。

グループ学習での事前指導では，次の2つのことが大事です。

1つめは話し合う目的を明確にもたせることです。

2つめは声の音量を調節する指導です。

グループ学習が騒がしくならない先手必勝法　①目的意識

何のためにグループで話し合うのか，全員に理解させてから「ではグループで話し合いましょう」と指示します。

課題を明確に提示し，一人一人が本当に課題を理解したのか確認します（確認の原則の p.26を参照）。

グループ学習が騒がしくならない先手必勝法　②声の音量調節

声のモノサシを提示します。

1〜5になるにつれて音量が大きくなります。

1〜5の音量を実際に出させてみた後，「グループの声は2だよ」と指示すれば，適切な声の大きさで話し合うようになります。

数字を伝えるだけで声の音量を指示できます

　また「他の班にばれてしまうと面白くないので，秘密会議のつもりで小声
で話した方がいいかもしれないよ」とさりげなく言います。

　これだけでも効果があります。

　数分したら形成評価を忘れずにしましょう（形成評価の詳細は p.76）。

　ほめるから継続するのです。

■ 自分の意見を押し通そうとする子どもへの対応

　これも事前指導が鉄則です。先手必勝です。

　自分の意見をひたすら通そうとし，反対されるとすねる子どもはいません
か。そんな子どもには，事前に声をかけます。

　「～くん，最近，我慢強くなってきたよね。いい子になってきたと思う。
ところで，次の時間は，班で話し合う学習をするの。そのときに，どんなこ
とに気を付ければ～くんはさらに立派になると思う？　もしも自分の意見が
通らなかったらどうする？」

　このような声かけを繰り返し，我慢できたらほめ続けることで，徐々にそ
の子どもは変わっていきます。

ここが
ポイント！
□ 適切な瞬間をとらえて，ほめることでよい行動が継続する
□ グループ学習の前は，事前指導が鉄則！

14 クラスの育ちが一目瞭然 「給食タイム」の過ごし方

> 待つ時間は成長の時間。意味ある時間にして教師も子どもたちを応援しよう。

■ 事前指導で，何をする時間かはっきりと

　給食準備の時間を見れば，その学級の育ちがよくわかると言われることがあります。

　4校時が終わると，次のような光景になっていませんか。

・教室の隅の方でふざけ合う男子がいる。

・廊下でふらふらしている子どもがいる。

・友達の机に行ってダラダラおしゃべりをする女子がいる。

こんな状況を蔓延させないよう事前指導をしっかりとしましょう。

■ 事前指導で明確なルール作りを

　4月当初，まずは趣意説明をします。

　「給食準備は，人の役に立つ力（気付く力，思いやり）を身に付ける時間です。ダメな〇年生は，廊下で遊んだり，教室でふざけたりします。反対に立派な〇年生は，自分の仕事をきっちり行います。仕事が終わったら静かに待ちます」

　あるいは学期中で，すでに廊下でふらふらしている子ども，教室でふざけている子どもがいる場合には次のように話し合ってもよいでしょう。

　「みんなはさらにパワーアップできるから考えてほしい。給食準備で育つ力があります。給食準備で身に付くとはどんな力でしょうか」

　どの意見も認め，「それに向けて頑張っていこう」と言います。

　「こういう力が付く時間なのに，遊んだりふざけたりしている人がいますね。その人たちは，これからもダメなことを続けていくのか，それともこう

給食準備時間のルールは学期のはじめに決めておきましょう

いう力を付けるためにがんばっていくのか，先生の所へ来て宣言しなさい。自分に正直になって来なさい。自分を変えるのは自分ですよ」

正直に来た子どもは，励まして期待をかけます。

さて次に，ルールです。仕事の分担は学校や学級に応じて決まるはずです。

配膳台を出す係，給食当番，給食運び，机拭きなど班や係などを分担，仕事内容を確認します。

仕事が終わった人，仕事がない人は，何をしてよいか，何をしてはいけないか，学級で決めて徹底しましょう。

黙って待つのか，読書はしてよいのか，自習するのか全体でルールを共有しておきます。

■ 必ず評価を

事前指導をしたら，事後評価を必ず入れます。

ルール通りにできていたら，具体的にほめます。ほめると望ましい行動が続きます。反対にできていなければ，子どもに改善点を言わせます。子どもからでなければ，先生が事実を指摘してもよいでしょう。

ここがポイント！

☐ ちょっとずつの進歩をほめていこう
☐ ルールは徹底する。「ちょっとくらいいいか」は禁止

基礎・基本

評価

非言語

生活指導

関係づくり

自尊感情

在り方

51

⑮ 体育授業の成否を決める 「整列・場所・待ち方」の事前指導

4月の最初が肝心！　定着するまで続ければ，1年を通して安心です。

■ 体育の整列，待ち方は4月当初にきっちり指導

体育の授業で子どもたちが校庭に出たとたん，遊びに行ってしまったり，ふざけていたり，まとまりがなくなったりすることはありませんか。

そうならないためにも，4月の最初の体育で，整列の仕方，場所，待ち方を指導しましょう。定着するまで，体育の授業の前に「事前指導」をします。1度指導が入ってしまえば，1年間を通して困らずに済みます。子どももたくさん運動ができるので喜びます。

■ 事前指導　子どもに言わせるパターン

体育の授業の前に言います。

「ダメな○年生は，体育で校庭に出たとたん，何をすると思いますか？」

意見を言わせます。

　・遊ぶ　・ふざける　・おしゃべりする　・並ばない

などが出るでしょう。

「反対に，君たちのような立派な○年生は何をしますか？」

ここでも意見を言わせます。

　・自分たちで整列する。　・すぐに集まる　・ふざけないできちんとする

こんな意見が出るでしょう。

ちなみに，「きちんと」「ちゃんと」などの意見が出た場合は，その中身を具体的に説明させましょう。

「きちんとって，きちんと何をしたらいいの？」

すると，「きれいに並ぶ」「黙って待つ」などと言い換えます。

指示通り4列に並んで
静かにできているね！　えらい！

静かに整列させるには事前指導が決め手です

そのあとに「君たちは，どちらにしたいですか？」と問います。

おそらく全員が立派な方を選ぶはずです。

「口だけで，実際に行動しない人を嘘つきと言います。皆さんは，本当にできますか？」

重くない言い方で言いましょう（笑）。

必ず評価を

校庭のどの場所に，どんな列で，どんな待ち方をすればいいのか明確に指示します。必要に応じて，図や絵で説明します。

全員が理解できたのを確認します。

実際に校庭に行ってやらせます。

先生は少し遅れていきます。

途中で口出しをしません。我慢します。

できていれば，思い切りほめましょう。具体的にほめるのです。

反対にできていなければ，次はどうすればできるのか改善点を言わせます。

 □ 次の体育の前に，前回の改善点を子どもに発表させて，共通理解をしてから臨ませること。教師が改善点を忘れずに覚えておくことが大切

16 「屋外整列」がビシッと決まる 4つの手立て

> 屋外は誘惑がいっぱい。でも手立てさえ講じておけば，運動会でのイライラ気分とおさらばできます。

■ あるあるイライラシーン

暑い5校時の校庭。

これから50m走の順番を伝え，実際に走らせたい。

でも目の前では，ワシャワシャおしゃべりしたり，砂をいじりまくったり，3，4レースの子どもたちを分けたはずなのにぐちゃぐちゃ混ざったり。

そして「うるさい!!」とドッカン。

でも，また3分経つとワシャワシャワシャ……。またドッカン……。

ま，私の初任者時代の話なのですが。

当時は子どものせいにしていましたが，今は手立てがまずかったのだとわかります。

私のようにならないために，誰でもスムーズにいく方法をお伝えします。

■ ① 絵や図や映像でイメージを

どうやって並ぶのかイメージをもたせます。

黒板に絵を描いたり，画用紙に図示したり，昨年の運動会の映像を見せたりして説明します。

これらのうちの1つをするだけでも，全然違います。

■ ② 事前に走順と氏名の用紙を貼っておく

運動会練習の前に，何レース，何コースで誰と走るのか覚えさえておきます。

そうすると，実際に並ぶときには大変スムーズにいきます。

屋外で成功するには教室での事前指導が必須です

しかしこの方法は低学年には使えませんので，次の方法を試してください。

③　校庭の前に，室内で並んでおく

校庭と室内では，集中力の差が3倍くらい違うという実感があります。
なので，事前に室内で並んでおきましょう。

多目的室や体育館など学年全員が並べる場所で実際に並びます。

このとき，第1レースの子どもに「1～5」のレーン番号をふった画用紙を持たせます。そうすると，どこが何コースかパッとわかります。

④　一時一事で，感謝と評価

並ばせる前に言っておきます。「先生はこの大きさで話すから，最後までこのように静かに待っていてもらえるかな」

静かだったら，すぐにほめます。ほめるから行動が続くのです。

「さすがだね。先生へのやさしさですね。学年目標のチームワークを意識していますね」と価値付けていくと，最後まで静かに指示ができます。

ここまでしておけば，実際の位置ではスムーズに整列できるはずです。

□　静かでなくなったら「やり直し」。これを徹底する
□　静かにできたらすぐに評価する

17 「事前の指示」がモノを言う！ 学芸会の大道具指導

> 演技指導にタップリ時間を割くには，大道具の事前指導がモノを言います。

大道具係にも事前の計画，事前指導が大事

学芸会練習では，心構えの指導，声の指導，動きの指導など大事な指導がたくさんあります。

しかし，それらと同じくらいに大事なのに，案外忘れがちなのが，大道具係の子どもへの指示です。

大道具の仕事を事前に計画し，指導しておけば，練習時間をたっぷりと演技指導に割くことができます。

反対に，指導していないとせっかくの体育館練習の時間なのに，混乱が生じ，練習の密度も下がってしまいます。

そのため，時間がなくなっていき，先生がイライラしはじめ，子どもに八つ当たりし，つまらない雰囲気になるという最悪の結末に至ります。

そうならないためにも，大道具係への指導はきちっとしておきます。

係を決める

まずは係を決めます。

大道具を出す係としまう係です。

最も動きとして無駄がないのは，次のやり方です。

１場面に出ていた子どもたちが１場面の大道具をしまい，２場面の子どもたちが２場面の大道具を出すというやり方。

人数が足りなければ，それ以外の子どもたちが手伝います。

大道具の事前指導では３つの位置を確認しましょう

位置を決める

位置には３か所あります。

① 大道具を事前に置いておく位置

他の学年との兼ね合いがあるはずです。体育館の脇，体育倉庫の中など学校によって変わります。担当の係の子に，どこから上手や下手へもっていくのか確認します。

② 舞台上に設置する位置

場ミリをします。正確な位置に置きたいときは，床にカラーテープで印を付けるのです。練習が始まる前に係の子と実際に置いてみます。

③ 片付ける位置

これも忘れがちです。片付ける位置は上手なのか下手なのか，どちらがいいのか考えておきます。混雑しない方，早く出し入れできる方にします。

□ せっかくの練習時間がもったいないので，練習以外の休み時間などに繰り返し覚える

□ どの程度で出し入れができるのかタイムを計る。「10秒以内でできたら最高」と目標を示すことで子どもはテキパキと動く

基礎・基本

評価

非言語

生活指導

関係づくり

自尊感情

在り方

18 身体測定は「事前指導＋評価」で トラブル激減

> 先に教室に戻った子どもが騒乱状態になりがち……。教室に戻ってからの指導が腕の見せ所です。

■ 教室に戻ってから何をしておけばよいのか

身体測定は，学期に1回あるはずです。

そのときに大事なのが，事前の指示です。

測定が終わって教室に戻ってから何をしていればよいのか，全員に理解させておくことが重要です。

説明とともに黒板に書き残しておきましょう。

忘れっぽい子どもだけでなく，どの子どもも安心します。

■ どの子どももできて，質問が出ない内容を

① 読書

これが最も多いと思います。

留意点としては，事前に本を選んで机の中に入れておくことです。

先生がいない教室で自由に選ばせると，「僕がその本を先に読もうとしてた！」「でも，この間読んでいたから，今日は読ませてよ！」とトラブルになりかねません。

② 漢字ドリルの書き取り

丸付けや提出の必要がなく，時間差に対応できるものとしたら，漢字などの書き取りがおすすめです。

質問が出ません。

やることが明確です。

早く教室に戻った子どもも，最後の方に戻った子どもも取り組むことができます。

事前指導と評価はセットです

男女どちらが先に測定するか

　学級の実態によりますが，トラブルの危険性がある方，落ち着いていない方を後にします。

　理由は簡単です。担任は長い時間，教室を離れるからです。

　やんちゃな子たちを先に行かせてしまうと，教室が騒乱状態に陥ることがあります。

　落ち着いている子どもたちが，先に教室で静かに学習していると，後から来た子どもも，その空気にのまれ（？）静かに学習態勢に入っていきます。

　どうしても，手のかかる子どもは，最後まで一緒にいさせましょう。

教室に戻ったら評価

　事前指導には，評価がセットです。

　教室に戻って静かに学習していたら，静かにほめ言葉を板書します。教室が温かい雰囲気になります。子どもたちはさらに集中します。騒いでいる子どもがいたら，毅然と叱責します。もちろん，他の子どもをほめた後です。

ここがポイント！

☐ 測定中の態度についても事前指導＋評価すること
☐ 担任不在のときは，危険やトラブル回避が最優先！

⑲ 学年の先生を動かすには 「紙面配布」が効果抜群

> 運動会を成功させるための三種の神器は「練習日程表」「隊形移動図」「毎日の指導略案」。

学年の先生方を動かす指示と提案

表現担当の自分だけががんばっても成功しません。

子どもを動かす以前に，学年の先生方の理解を得るための行動が大事です。先生方を動かす技を紹介します。

初日に学年教員が子どもに演示する

やはり目の前の担任の先生たちが演示してくれると子どもたちは喜びます。

なので，できることならば学年の先生方で表現を見せたいので，表現を教えるから一緒に練習をしてもらえないかお願いをしましょう。

それが難しければ，自分が見せます。

練習日程表を配布

練習に入る1週間前に先生方に配布できれば最高です。

いつごろ，どんな指導をするのか，見通しを示すことでグッと理解してもらえるようになります。

これを作成すると，自分自身の頭の中にしっかりと指導過程が入ります。

行き当たりばったりの指導ではなく，指導の全体像が頭に入っているので指導にゆとりと芯が生まれます。

練習をしていく中で学年の先生と話し合い，修正していきます。

隊形移動図を配布

学年の先生方には，すでにどんな表現なのか映像を見せているとします。

そのうえで，今回はこうしたいという隊形図を示します。

こういう隊形にもっていくために，何番ではこういう動きをしようと思っているがどうか，ということを文書で提案するのです。

■ 毎時間の指導略案を配布

2015年　運動会に向けて！　4年生　1時目

西野宏明

1．9月9日（水）　3校時：PC室　4校時：体育館
(1)　目的

①自分たちで整列し，静かに待つことができるようになる。
②「やりたい！」という意欲を高める。
③1番の動き（はりがよいし以外）ができるようになる。

(2)　練習の流れ　準備物：CDデッキ

時間	指導内容
3校時始め	○事前指導として 最初の整列時，教師は子どもの前に立たない。 「PC室の廊下側に向かって2列で並ぶ。体育座りして静かに，待つこと」とだけ伝える。早く着いた学級から前に詰める。号令や指示や注意はしない。自分たちの力でできるようにさせたい。ただし，配慮が必要な児童は別。

これは本当におすすめです。

少し手間がかかりますが，それ以上にメリットが大きいです。

その日の目標（ねらい）とそれを実現するための指導内容をA4用紙1〜2枚で作成し配布するのです。

①　指導事項が頭に入るから自信満々で指導できる

指導が安定します。笑顔で安心して指導できます。楽しいです。

②　学年の先生方との共通理解

学年の先生方へのお願いを記します。当日の朝，3分程度で打ち合わせます。先生方の名前と役割を明記します。やることがない状態は作りません。

③　放課後に振り返り

改善点など意見を聞き，翌日の指導略案に生かします。

□　学年の先生方に，事前に紙面で示すことで信頼を得る
□　毎時間の指導略案を立てることで，落ち着いて指導できる

20 教師の思いを徹底させるための 「やり直し」

最初が肝心かなめ。1回目の指導で「例外」を許容してしまうと収拾不可能になります。

指示を徹底するとき

「これだけは必ずおさえたい」

「絶対に成功させたい」

「ここだけは静かにさせたい」

など確実に達成させたいときがあります。

先生の意志，願い，要求を確実に実現させたいときです。

ルールを守らせたいときや指示を貫きたいときです。

即座に「やり直し」

こんなときに必須のワザが「やり直し」です。

「やり直し」ということは，今のではダメということです。

そのメッセージが子どもに伝わるのです。

やり直しをするから，改善されるのです。

やり直しをしないと，これでいいのだというメッセージになります。

たった1人でもやり直しです。最初の1人が出た時点でやり直しです。

なぜかわかりますか。

最初だからこそ指導が入るからです。途中からでは入らなくなります。ダメな姿が当たり前として定着してしまうからです。

子どもからすると「何で今回はいけないの？　前は何も言わなかったのに」という思いです。

具体的な場面で説明します。

最初に「やり直し」するから徹底されるのです

プールサイドの歩き方

　あらかじめプールでは静かにすること，歩くことを指導しておきます。準備運動のときにおしゃべりをする子どもが出たとします。

　あるいは，シャワーを浴びるときに走った子どもがいたとします。

　この時点でやり直しです。

　どうしてやり直しをしたのか，先生が言います。子どもの口から言わせてもいいでしょう。

学芸会での足音

　初回の指導が大事です。

　移動の足音，おしゃべりの声が気になったら即やり直しです。

　2，3回黙認してしまうと，練習後半になって「足音を静かにしなさい！」と言っても，もう手遅れです。

組体操での声

　「いって〜！」「難しいよ〜」「ええ，できない〜」などの声が出た時点で「やり直し」と言って，もとの位置に集合します。

廊下歩行

　私語が出た時点で教室に戻ります。

ここがポイント！

☐ 徹底するならする，徹底しないなら OK と判断基準を決めておく
☐ 「やり直し」には程よい緊張と集中を生む効果があるが多用は×

㉑ 学級崩壊も防ぐ「必須の事後評価」

> やりっぱなしはダメ！　指導の定着は活動後の評価の有無で決まります。

■ 教えたことが身に付かない学級　⇒　崩れていく学級

教えたことがなかなか定着しない学級があります。

「あの子たち，何度言ってもダメなの」

たまにそんな愚痴を耳にすることがあります。

先生が指導しても，子どもの中に入っていかない。

時間が経つにつれて，少しずつ騒がしくなり，やる気のない子どもたちが増え，2学期には先生に対して反抗的になっていく……。

学級が崩れる過程です。

なぜこのようなことが起こるのでしょうか。

■ 評価をするかしないかで決まる

評価をしていないからです。

子どもが活動したあとに，評価をしていないのです。

そしてほとんどの場合，ほめていないのです。

だから指導したことが定着しないのです。

だから，先生に対する信頼がなく，先生の言うことを聞かなくなるのです。

子どもが活動したあとは，必ず評価を入れるようにしましょう。

■ 事後評価の仕方　①基本はほめて終わりたい

人はほめられると自尊感情が高まります。

結果，やる気が生まれ，またその行動をしたくなります。

ほめるから望ましい行動が継続されるのです。

一人一人の演奏はすごくよくなっている。でも，残念なことがありました。指揮を見ている子が半分くらい。あとは手元ばかり見ている人がいました。だから合わないの。きちっと先生の指揮を見て合わせましょう。

活動後，何がよくて何がダメか具体的に伝えます

心理学でいう「承認による行動の強化」です。

ほめてくれる人の話を子どもはよく聞きます。

なので，活動後はほめて終わりたいものです。

しかし，ときにほめて終われないときがあります。

そういうとき，有効なのが「やり直し」です（やり直しの詳細はp.62を参照）。

「あ，これはほめて終われないな」と思ったときはやり直しをします。やり直しをして，一定水準（先生の評価基準）を満たせばほめます。

■ 事後評価の仕方　②ほめて終われないとき

「やり直し」ができない場面があります。そういうときは仕方がありません。終わってからよくなかったところを考え言わせます。

意見が出ない場合は，こちらから言います。どの子どももわかるように具体的に理由，原因を伝えます。ハッキリとダメ出しをしてもよいでしょう。

これでよいのです。最もいけないのは評価しないことです。子どもが不安になるのは，何がよくて，何が悪いのかわからないときです。

ここがポイント！

☐ 活動後は必ず評価を！
☐ 「やり直し」てできれば十分。しっかりほめること！

22 理想の行動が増える 先手必勝「意図的ホメホメ作戦」

「望ましい行動を伝え」→「実際に行動させ」→「ほめる」。たったこれだけです。

「困った行動」が出る前に「望ましい行動」を入れる

言うことを聞かない子どもがいます。

言われた通りにやらない子どもがいます。

荒っぽい行動をする子どもがいます。

秘策があります。

先手必勝ワザです。

反抗的な行動，周りの子どもに迷惑をかける行動，先生を困らせる行動が出る前に，望ましい行動を伝え，それをできるようにさせてほめるのです。

4月当初は，多くの子どもが「いい子」です。

先生の出方を探っているからです。

新年度に対する希望がふくらんでいるからです。

望ましい行動を増やすために，この時期を使わない手はありません。

望ましい行動は，意図的に作り出す

望ましい行動を定着させていく秘訣です。

以下の手順を踏めば，どの先生にもできるはずです。

①みんなの前で，その子どもに向かって望ましい行動を伝える。

②行動させる。

③ほめる。

これを繰り返すだけです。

その子どもにだんだんと定着していきます。

おもしろいことに，他の子どもにもその効果が広がっていきます。

先生は○○くんを指すから
元気よく返事してね。
みんな見てて。はい，○○くん！

ほめるために意図的に仕掛けることも大切です

具体例1　やんちゃくんを指名するとき

「今から，先生は○○くんを指すからね。ピンと手を伸ばして元気よく『はい！』って返事してくれるよ。みんな，よく見てあげてね。○○くん！」

「はい！」

「ほら，できた。さすがだね。みんな，○○くんの返事どうだった？」

発表させます。○○くんは喜びます。

具体例2　「ほら，上手に座れた」

やんちゃくんの発表が終ってから言います。

「○○くんはね，椅子の音を立てずに，スッと静かに座れるよ。みんな見ててよ〜。（座る）ほら，上手に座れた。あなたは，一つ一つのことをきちっとできる。すばらしい子だね」

こういったことの繰り返しで，子どもの行動は変容していくのです。

ここが
ポイント
！

- [ ] みんなの前でほめることで，その子どもの自尊感情が高まり，望ましい行動を目指すようになる
- [ ] 行動より先に望ましい行動を伝えることが，ほめる仕掛けになる

基礎・基本

評価

非言語

生活指導

関係づくり

自尊感情

在り方

クラスも温かくなり
やる気倍増の「成功の追求」

子どもの成長を見つけたら立ち止まって！ その子どもだけでなくクラス全体が成長するチャンスです。

成功した理由を考えさせる

「どうして，そんなことをしたの？」

トラブルやケンカの指導中，よく聞かれる言葉です。

これをプラスの場面に応用しましょう。

成功した理由，上手にできた訳，立派な行動の動機を尋ねるのです。

これを成功の追求といいます。

心理学やコーチングでよく使われる手法です。

成功の追求を繰り返すと，以下のメリットがあります。

①子ども，教師，教室全体が温かい気持ちになる。

②子ども同士がプラスの視点で互いの行動を見るようになる。

③尋ねられた子の自尊感情が高まり，さらにやる気が出る。

成功の追求の具体例

全体の成果について尋ねる

例えば，運動会で技が成功したとき。

「今日，初めてあの技が成功できたね。すごくうれしいよね。君たちのすばらしさをさらに広げ高めたいから聞く。どうして成功できたの？」

例えば，給食準備が素早く終わったとき。

「すごく速いね！ しかも丁寧！ みんながこんなに素早く，しかも丁寧にできたのは，なんで？ 何がよかったんだろう？」

いずれの場合も，意見を発表させます。

意見を列挙したあと，「特にこれがあったからこそ，できた！ というも

すごく早く丁寧に準備できたね！
どうして上手にできたのかな？

ほめるだけでなく，もう一歩掘り下げてみましょう

のはどれかな」と絞り込みます。

　さらに，自分たちのよさを振り返り，深めるのでとても楽しいです。

　「そうか，みんなは〜だから，こんなによくできたんだ。これからも〜〜
を大事にして，がんばっていこうね！」

　これだけで学級が大きくまとまるはずです。

特定の子のよさを掘り下げる

　「○○さんは，いつも漢字が丁寧。どんな力があるから，そんなに継続し
て丁寧に書くことができるのだろう？」

　「○○さんは，発表がよくできるようになってきた。○○さんが変わった
のは，○○さんの心の中心に何が生まれたからだと思う？　あるものがあな
たの中に生まれたから，発表ができるようになった。それは何だろう？」

　学級全員が愛されている学級であれば，次のような問いかけもできます。

　「○○くんは，4年生になってガラッと変わった。みんな，それはどうし
てだと思う？　○○くんに教えてあげて」

　日記の課題として与えることもあります。

　「自分が成長しているのはどうしてか。理由をたくさん書こう」

□ わずかな成長を見逃さない教師の目・意識・姿勢が必要
□ 成功の追求でよく出る（核となる）言葉を掲示するのも効果大

24 我が身をしっかり振り返る 「自己評価発問」

指示待ち人間をつくらない！　日頃の活動も行事も，大事なことは子ども自ら気付くように仕向けます。

■ 大事なことは子どもの口から

青森県の佐藤康子氏，群馬県の深澤久氏は主張しています。

「大事なこと，おいしいところは子どもの口から言わせる」

そうです。

子どもに考えさせ，気付かせ，言葉で表現させることではじめて行動が変わるからです。

先生がいつも「ああしろ」「こうしろ」「それだめ」「～しなさい」と言ってばかりいては，子どもが育ちません。

評価の際には，子どもが自らの言動を振り返ることができるような発問をしましょう。

簡単にできる評価の方法をいくつか紹介します。

■ 係活動

１，２週間に１回行います。

係ごとの掲示物があると思います。

その掲示物にあらかじめ評価欄を設定しておきます。

「係ごとに集まって今週の仕事はどうだったのかを振り返ります。先生に一言も声をかけられず，全て自分たちでやったら花丸。１，２回声をかけられたり，仕事をされてしまったりした係は丸。３回以上，先生に手伝われた係はバツ。１分以内に決めたら静かに自分の席に座ります」

全体の前で発表させます。嘘はつけません。

先生がマジックペンで評価欄に記入していきます。

ぞうきんがけは，
１番の人から順に
毎日交代しなさい。
同じ人ばかりが
やるのはいけません

どうしたら
いつも同じ人が
ぞうきん当番に
ならずに済むかな？

常に教師がやることを指示していると子どもたちは指示待ち人間になってしまいます

　全ての係の評価を付け終わったら，また係ごとに集めます。

　「次はどうしたらレベルアップできるかを発表してもらいます。２分間で話し合って決めてください」

と言って発表させます。これで行動が変わります。

　この方法は清掃指導，委員会の指導にも応用できます。

　「委員会の仕事を率先して行った立派な人。友達から１，２回声をかけられてしまった人。さぼった人。どれに当てはまるか決めたら立ちなさい」

というように行います。

運動会，学芸会，卒業式の練習

　これは100マス作文で書かせます（100マス作文の詳しいことは前著『子どもがパッと集中する授業のワザ74』p.94）。

　今日の練習はどうだったか，自分のめあてにそってできたか，次回はどうしたいか，点数を10点満点で付けると何点か，ということを書かせます。

　そして，次の練習の前に音読させてから練習に臨ませます。そうすると，意識が変わるので行動も変わってきます。

ここが
ポイント
！

□ **大事なことは先生が指摘するのではなく子どもの口から**
□ **事後の自己評価は３段階で行うと簡単**

25 子どものテンションを下げずに改善 「自己評価アンケート」

> やらされている感ゼロ！　それでも確実に自分自身を振り返ることができます。

■ もっと高めたいというときに

運動会，学芸会，生活指導，どんな場面でも「もっと，この部分を高めたい」，「もっとここをよくしてほしい」と先生方は思います。

そのとき，教師である私たちには2つの選択肢が用意されています。

Ａ：意図や願いをそのまま直接伝えること。

Ｂ：子どもたちに気付かせること。

■ 意図や願いをそのまま直接伝えるメリット・デメリット

メリットとしては，すぐに変化があるということです。

子どもたちは「～しなさい」と言われるので，それに従うようになります。形はよくなります。見た目はよくなります。

しかし，デメリットがあります。

1つは，子どもに自身を振り返り改善していく力が育たないことです。「先生に言われたから直す」状態だからです。

もう1つは，子どものテンションが下がっていくことです。

教師からダメ出しや指摘をされ（続け）ると，やらされている感が増してだんだんと楽しくなくなっていきます。

■ 自己評価アンケート

ここでおすすめしたいのが，Ｂの方法の1つである自己評価アンケートです。次ページに，運動会の練習期間に実際に使用したものを載せます。

アンケートなら，子どもたちは自分で自分のことを振り返って，○や×や

運動会練習　がんばっているかなチェックシート　3回目　　月　　日

年　　　組　　　名前（　　　　　　　　　　　　）

1　次の問に○か×で答えよう。

　1　体育係が「後ろにならんでください」というとき，5秒以内にすばやくならんでいる。（　　　）

　2　体育館につくまで，一言もしゃべらずに移動（いどう）することができている。（　　　　）

　3　他のクラスを待たせることなく，自分は先に待っている。（　　　　）

　4　「はいやいやささ」などで，これ以上出せないというくらい声を出している。（　　　）

（中略）

　13　1，2番では，しっかりと木を見ている。（　　　　）

　14　自分は前の列（れつ），後ろの列の動き方がわかっている。（　　　　　）

　15　一人だけでおどることができる（すべての動きを覚えた！）。　（　　　　　　）

　　　　　○の数は＿＿＿＿＿＿＿＿＿＿こ

　　　　　10〜15個　⇒　A　　もうだいじょうぶ！　100％成功します！

　　　　　5〜9個　⇒　B　　本番までに，Aになるように努力を！

　　　　　0〜4個　⇒　C　　そろそろ本気を出すぞ！

2　ふりかえって，感想を書こう。

_____

数値を書いていくので，やらされている感は感じません。

　教師の意図や願いが盛り込まれていることに気付くことなく，自分自身を真剣に振り返ります。

　子どもの自己成長につながります。

　アンケートを2，3回繰り返すと心構えが強化されていきます。

　そうすると，心構えがしっかりとできている状態なので，Aのように直接伝える指導をしてもスッと子どもの中に入るようになります。

□　3回ほど繰り返したあと1，2枚目を再び配布し，すべて読み返えすことで自分の変化に気付かせ，自尊感情を高める

26 自分の行動の良し悪しがわかる 「セルフほめ・叱り法」

> ほめる行為も叱る行為も，子ども自ら自分の行動を振り返ることで改善力が身に付きます。

教師が評価しないで，子どもが評価

ふつう，評価するときは，先生はその子の行動をほめたり，指摘したり，叱ったりします。

これはとても大事なことです。

しかし，裏技があります。

先生が直接的に評価の言葉を伝えないで，子どもに考えさせて，言わせるという方法です。

こうすると，子どもは自らの行動を振り返り，良し悪しに気付き，それを改善しようとする力が身に付きます。

子どもによる評価

指導をしていて「ここはほめたい！」「ここは叱りたい！」という場面がありますよね。

そのときに，それを直接言わないで次のような方法を取ります。

ほめたいとき

「いやあ，実に素晴らしいね！　先生は，今朝の朝会でみなさんのすばらしいところを３つ発見しました。さてそれは何でしょう？　１分間で考えます」

これは私が最も好きなやり方です。みんな笑顔で考えます。

子どもが，肯定的な視点で自分や学級全体のことを振り返るからです。

「１分経ちました。１つでも言える人は立ちます。では，発言を聞いて同じ人は座っていきます」

今朝の朝会で，
先生はみなさんの素晴らしいところを３つ発見しました。
どんなことか１分間で考えてみましょう

よいところ探しは先生も子どももみんなが幸せになるシステムです

どんどん発表させます。

１人が発表するたびに，学級が温かくなります。

私がほめたい３つのこと以外の意見が出てくることが当然あります。

そんなときは，「みんな，今の意見はどうだった？　先生は見つからなかったけど，○○さんは気付いたね」とほめます。

特定の子をほめたいとき

「○○さんのあの行動には，驚いたな。（○○さんを見ながら）さすがだよね。さて，○○さんのいいところは何でしょう？」

発表させます。正解を言えた子を「よく見ていたね。友達のいいところを発見できるあなたがすばらしい」と思い切りほめます。

ほめたいけど，改善したいとき

「今日の掃除で，よかったところ，改善できるところが１つずつあります。特にこれは！　ということを発表してください」

改善したいとき

「どうして，やり直しかわかる人？」

先生が直接指摘するよりも，子どもは納得するので行動の変化が速いです。

ここがポイント！
- [ ] 自分たちの行動を振り返り言語化させることで自己成長を促す
- [ ] 自分で振り返るから"やらされている感"が生まれない

基礎・基本

評価

非言語

生活指導

関係づくり

自尊感情

在り方

27 よい状態を継続させる 「価値付け形成評価」

> 「悪い瞬間に注意」はよくあるパターン。「よい瞬間にほめる」でよい行動が自覚できます。

■ 途中で評価して，望ましい行動を継続させよう！

騒がしくなってから，「うるさい！」

姿勢が崩れてから，「姿勢を正しなさい」

列がばらばらになってから，「列をそろえなさい！」

これらはすべて対処療法です。

注意した瞬間はよくなります。

しかし，すぐに元に戻ります。

この対処療法のよくないところが，子どもも，先生も嫌な気持ちになるというところです。

対処療法ではなく，よい状態を継続させる方法に転換しましょう。

それが，形成評価（つまり途中の評価）です。

つまり，よい状態のときの子どもをほめて，価値付けるのです。

■ 途中評価の具体例

廊下歩行

廊下を静かに歩くことの趣意説明をします。

初めに整列します。この時点で1回聞きます。「しゃべっていない人？」

次に，実際に廊下を歩きます。

3分の1のところでまた聞きます。

「まだ我慢できている人？」

このように，目的地に着くまでに3回ほど確認をしていきます。

最後に聞きます。

一言もしゃべらずに
歩いていて我慢強いね。
えらい！

後でほめるより，今この瞬間をほめることがポイントです

「一言もしゃべらずに，来ることができた人？」

手を挙げた子どもに言います。

「すばらしいですね。我慢強いです。我慢強い人は，自分をコントロールできる人ですから，勉強もよくできるし，友達もたくさんできるようになりますよ」と価値付けます。

書き取りの姿勢

学習が始まってすぐに，ささやくように言います。

「反対の手でしっかりと紙を押さえている。だから，濃く大きく丁寧な字が書けるんだね」「背筋がスッと伸びていて美しいですね」

校外学習の歩行

2列できれいに歩行している瞬間をとらえて，スケッチブックに大きく書いた文を示します。

「2列。ばっちり！」「そのまま列をそろえて行こう」

ペアトーク，グループトーク

「顔を寄せ合って，うなずいているね。話しやすいね。チームワークがある証拠だね」

ここが
ポイント
！

□ 先生の中に，「この場面ではこうあってほしい」というイメージを常にもち，瞬間をとらえてほめること

28 子どもが話を聞くようになる 「視線」3ポイント

> 子どもを集中して聞かせるには，口（話）だけでなく，目への意識をグンと上げます。

■ 「N」「Z」「W」ですべての子どもとアイコンタクト

　子どもに話すときに目が宙に浮いたり，遠くを見たり，下を向いたりすると，子どもは集中して聞かなくなります。

　統率するには，教師に視線を集中させる必要があります。だから話すときには，一人一人を見つめましょう。

　視線の動かし方は，「N」「Z」「W」がよいです（詳細は前著『子どもがパッと集中する授業のワザ74』p.13）。まんべんなく一人一人を見ることができるからです。一人あたり2秒間，目をあわせると，子どもは安心とほどよい緊張を感じます。「今，先生は自分に向けて話してくれているんだな」と思うからです。このとき大切なのは，笑顔です。

　「しっかり聞いているか？」と確かめるような視線ではなく「受け止めてくれてありがとう」という視線を送りましょう（ただし，真剣な話の場合は強い目力も必要ですよね）。

　その思いが子どもに伝わります。

■ 目が合っている子ども＝しっかりと聞いてくれている子ども

　目が合う子どもをほめましょう。

　しっかりと聞いてくれている証拠です。

　先生に敬意を払ってくれている表れです。

　例えば，私は次のようにほめることがあります。

① 言葉で

「先生の話をいつも目を見て聞いてくれている人がいます。誰だかわかり

しっかり聞いている子どもをほめることで回りの子どもも意識して聞くようになります

ますか？　（ここで少し考えさせます。同時に自分を振り返らせることになります）○○さん。いつも本当にありがとう。先生はとてもうれしいよ」

② **サンキューサイン**

　目が合っている子どもに，感謝のサインを送ります。

　目くばせをしたり，OK サインをしたり，笑顔を送ったりします。

③ **握手**

　その子どものところへ行き，握手します。

　「いつも目を見て聞いてくれてありがとう」とさらっと言います。

　すると，近くにいる子どもも目を見て聞くようになります。

自分の癖に気付こう！　自分の視線は右？　左？

　私は無意識に左ばかり見てしまう癖がありました。

　そうなると，右に座っている子どもはさみしいものです。

　自分の視線の癖を一度確認するようにしましょう。

□ 一人一人に視線を「置く」イメージで
□ まずは癖に気付いて，N，Z，Wで一人一人を見る練習をしよう

29 クラスの雰囲気を左右する 先生の「スマイル効力」

笑顔は伝染します。先生が楽しそうならクラス全体もいつの間にか楽しくなるのです。

笑顔の効果

子どもの前では笑顔でいるようにしましょう。

先生がまず楽しむ，喜ぶ，幸せなことが大切です。

先生が笑顔だと子どもは安心します。

伸び伸び，生き生きします。

学級がどんどん楽しい雰囲気になります

なぜかというと，人間の脳に「ミラーニューロン」という神経細胞があるからです。

目で見たものをあたかも自分がしているかのように，脳内で再現するのです。共感する細胞ともいわれます。

ケガしている人を見たら「痛そう」と思い，悲しい場面を見ると悲しくなるのはミラーニューロンのせいです。

だから先生が笑顔でいると，子どもたちも笑顔になっていくのです。

笑顔の作り方

笑顔は練習で鍛えることができます。

お風呂上りでも，教室に入る前でも構いません。

2つ紹介します。

1つは，これ以上口が開かないというくらい顔をぐしゃっとさせながら，10秒かけてゆっくりと「あいうえお」の表情にします。これを3セット。

2つめは，「ウイスキー」と言って頬を上げた状態を20秒キープして戻します。これを3セット。

笑顔は相乗効果。先生も子どもたちもどんどん笑顔になっていきます

これで自然と笑顔になります。

上の歯が8本以上見えていると，素敵な笑顔だそうです！

暗い顔，疲れた顔はマイナス思考を生む
笑顔は「心のポケット」を広げる

暗い顔，しかめ面で過ごすと，マイナス思考になります。

子どもも笑顔ではなくなっていきます。

それ以上に，子どもの言動にいちいちイライラするようになります。

小言が増えていきます。

すると，子どもはどんどん離れていきます。

これは保証します。体験から断言できます（笑）。

反対に笑顔でいると，寛容になります。許せるキャパシティーが増えるのです。このことを私の尊敬する先生は「心のポケットを広げる」と言っていました。心のポケットが広がると，毎日が楽しくなりますよ。

普段は笑顔の先生が真剣に叱るからこそ，子どもは聞くのです。

普段から表情が怖い先生に叱られても，効果は薄くなります。

ここがポイント！

☐ 子どもは先生の表情に左右されるから，基本笑顔で！

☐ 笑顔の多い先生が，たまに真剣に叱ると効果大!?

基礎・基本

評価

非言語

生活指導

関係づくり

自尊感情

在り方

30 100倍伝わりやすくなる 「ジェスチャー効果」

> 子どもたちは聴覚より視覚から圧倒的に多くの情報を得ています。

■ 「聞いていてわかりやすい」

ジェスチャーがある話し方とない話し方，どちらがわかりやすいか。
子どもに聞きました。

すると全員が「ジェスチャーがある方が，わかりやすい」と言いました。
そうなんです。

ただ口で言うよりも，ぐっと子どもたちは集中します。

身振り手振りによって視覚情報が入るからです。

伝えたい内容に合わせて，自然に手を動かしながら話すだけで伝わりやすくなります。手を動かしながら話すようにしてみましょう。

■ あえて無言で

普段は板書したり，口頭で指示したりします。

が，子どもの集中力が切れているときや変化を加えたいときには，あえて声を出さずに指示をします。

集合の指示

いきなり，校庭を指で指します。朝礼台を手で表現します。

（この時点で，身を乗り出して考える子どもが数名出てくるはずです。）

手で4を作ったあと，両手で列の形を示します。

そこで「わかった人？」と聞きます。

かなりの勢いで「はい！」と手が挙がります。

生活指導で

「君たちならこんなダメなことをしないと思いますが,念のため確認します」

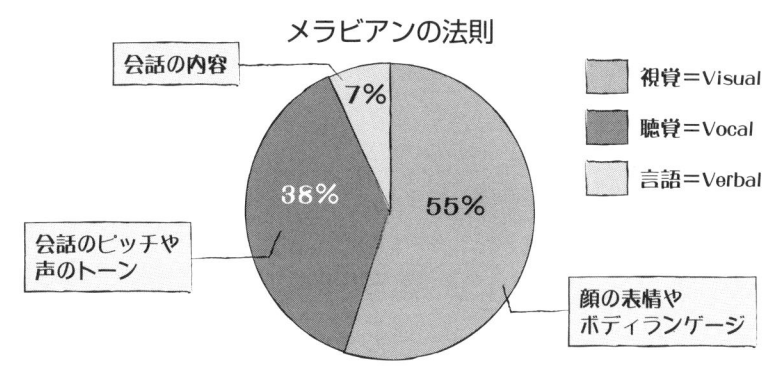

人に伝わりやすいのは圧倒的に視覚情報なのです

先生がジェスチャーをして，何をしているところか答えさせます。

・靴（物）隠しのジェスチャー　・万引き　・火遊び

・掃除用具で遊ぶ　・落書き　・暴力

今日の時間割

その日の予定を書いた小黒板を指さします。

ジェスチャーで学習内容を伝えます。

子どもは喜んで推量します。

確認してほめる

念のため，何を伝えたのか確認するために，発表させることがあります。

そこでは，正解を言った子どもをほめます。

「よくこれだけでわかったね！　きちんと見てくれていた証拠だね。先生うれしいな」

こうすると，他の子どももどんどんしっかりと聞くようになります。

ほめられると，次もまたその行動をとりたくなります。

声をからさずに指示ができるコツです。

□ あえて無言でジェスチャーをすることで子どもは集中する

□ ジェスチャーが上手な人の真似をして身に付けよう

31

子どもの動きが激変する「実物の威力」

> 巧みな話術やジェスチャーよりも，モノは子どもをグッと集中させます。効果的な見せ方も身に付けましょう。

実物に勝るものはない

　いくら話術が巧みでも，どんなにジェスチャーが得意でも，すばらしい人格でも，実物にはかないません。

　実物，モノがあると子どもたちは集中します。

　前著では集中を生む原則の１つに視線を集めると記しました。

　これは子どもを統率するうえでも大いに活用できます。

　授業でも，全校朝会でも，朝の会でも，校外学習でもモノがあるのとないのとでは，子どもの動きはまるでちがいます。

どんな場面でどんなものを？

　これはその場面にふさわしいものを先生が選んでかまいません。

　手に入るものと入らないものがあると思うので，手に入る範囲で用意できるのであればぜひ活用しましょう。

　例えば，私は以下のものを示しました。

・社 会 科　「鉄砲伝来」で火縄銃
・社 会 科　「自動車」で同僚の車のボンネット下のエンジン部分
・国 語 科　「くじらぐも」では屋上で空を見上げる
・算 数 科　「比」でカルピスと水を用意
・全校朝会　生活指導「身の回りをきれいにしよう」で道具箱

モノの見せ方

　実物を用意できれば勝ちです。

見せ方にもテクニックがあります

　それでも十分なのですが，モノには見せ方があります。

　見せ方を工夫するだけで，子どもたちの「見たい！」という意欲を喚起させることができます。

じらして一部の子どもだけに見せる

　基本的なワザは「じらし」です。

　例えば前の子どもたちだけにチラッと見せます。

　すると「おお〜!!」となります。そうなると見ていない他の子どももさらに見たくなります。

　姿勢がよい子どもを呼んで見せる方法もあります。

　あえて後ろに行って最後の列の子どもに見せるという変化技もあります。

見たい人？

　「見たい人？」「はい！」「全員じゃないからやめた」「えっー!!」

　「見たい人？」「はい！」「その返事は本気じゃない。見たい人？」

　「はいっ!!」，「仕方ないな〜」と超スローモーションで言いながらゆっくり見せようとすると「ねえ！」「もう！」「早くっ!!」と突っ込まれます。

　この瞬間がたまりません。こんなやり方もあります。

□ 低学年でも高学年でも実物は威力を発揮する！
□ ただ見せるのではもったいない！　子どもをじらす！

32

知らないうちに子どもとの信頼関係をおびやかす 「ヒドゥンカリキュラム」

「注意しない」＝「やってよい」というメッセージです。常に教師としての自分の行動を自覚するようにしましょう。

■ Aくんに注意しないことが，あることを教えていることになる？

私が初任者のころの話です。

その日は月曜日で全校朝会がありました。

私の学級のAくんは朝会でビシッと立っているのが苦手です。

よくふらふらしたり，足で砂をいじったり，後ろを向いたりします。

この日は，Aくんは地べたに座り込みました。

私は子どもに嫌われたくなかったので，あまり叱るのはよくないと思っていました。

今回は，あとで声をかけようと思っていました。

するとそのあと，学年主任の先生から言われました。

「西野さん，あれはダメだよ。俺ならすぐに叱るね。西野さんがそういうのは嫌いだっていうのは分かる。でも，別に怒鳴らなくてもいいからさ，あれはダメだっていうのはその場で伝えないとだめだよ。そうしないと，Aには『朝会のとき，地べたに座り込んでいいんだ』って教えることになるんだよ。それ以上に，他の子どもにもそう教えることになるんだよ」

今から7年も前の話です。

教育現場でヒドゥンカリキュラムが話題になるずっと以前の話です。

この先生はヒドゥンカリキュラムという言葉を知りませんでした。

しかし，その要素を私に教えてくれたのでした。

■ 軌道修正はきかない！

先生はヒドゥンカリキュラムに自覚的であるべきです。

あ，授業中に先生のところへ行って，個別に質問していいんだな

知らない間に「授業中いつでも質問してよい」というメッセージを伝えてしまっています

なぜでしょうか。

それは無意識に子どもにメッセージを伝えてしまうからです。

自分の中に，自分の言動を客観視できるメタ認知力を高めておくことが大事です。

例えば，授業中に立ち上がって先生に質問しにくる子どもがいるとします。

その子どもに対して丁寧に対応したとします。

その子どもが学習内容のことを真面目に聞きにくるのです。

先生はよかれと思って答えました。質問者に対してきちっと答えてあげるのは正しいことのように見えます。

が，これはアウトなのです。

1人に対してそうしました。

すると，2人目もきます。ここでも答えます。

こういうやりとりが数日間続くと，先生はそろそろ「ちょっと，授業なんだから座りなさい。あとにしなさい」と小言のように言います。

言われた子は「なんだよ急に。前は答えてくれたのに冷たくなったな」となります。こうして信頼関係は崩れていきます。

ここがポイント！

□　教師は常にヒドゥンカリキュラムに自覚的であること
□　授業規律，生活指導では自分の軸をしっかりともつこと

33 挨拶・礼儀を習慣付ける 「1秒の勇気」と「空気づくり」

クラスづくりの基本中の基本。最初の指導が肝心です。

■ 挨拶の趣意説明

「挨拶は1秒の勇気」

これをよく子どもに話します。

「『あっ，近所の人だ。でも向こうは気付いていない。どうしよう』，『あの人見たことある。でも，向こうは覚えているかな』と迷った瞬間が自分との勝負。その1秒で，一歩前に出て先に挨拶できるか，できずにもやもやするか，自分はどちらの人間になりたい？」

「相手との勝負でもあります。挨拶は気持ちがいいよね。では，自分はどちらの人になりたい？　自分から挨拶をすることで相手を気持ちよくできる人。それとも，相手から挨拶されるのを待って気持ちよくしてもらう人」

■ 朝の挨拶　5つの質問

挨拶を習慣付けるための方法です。

朝の会に質問します。

①自分から先に家族に挨拶をした人？

②友達より先に挨拶をした人？

③教室の入り口で先生やみんなに挨拶をした人？

④先生より先に挨拶をした人？

⑤他の先生，近所の人など大人に挨拶をした人？

　3つ以上で合格とします。

　本当かどうか疑わしい子どもには，「○○くん，誰に挨拶したのかな?!」と聞きます（笑）。

一人一人が礼儀正しいとクラス全体が気持ちよくなります

礼儀 「お願いします」「ありがとうございます」

物の受け渡し，丸付けのときは必ず言わせます。

これが徹底できると，学級全体が締まってきます。礼節を重んじる空気になります。

年度当初に以下のことを教えます。

・目上の人に物を渡す際は両手で渡す。

・お願いするとき，感謝を伝えるときは目を見る。

・向きは相手に見やすいように示す。

・ボソッとではなく，最後までハッキリと言う。

やり直しは短く　できたらほめる

できたらほめます。できなかったら，やり直しです。

声が小さい，だら〜っとしている，当たり前のことをきちっとやらない場合は明るく，サクッとやり直しです。

長い説教は不要です。

□ 小学生のうちに礼儀をきちっと教える意識をもつこと
□ 子どもができていたら，しっかりと評価しよう

基礎・基本

評価

非言語

生活指導

関係づくり

自尊感情

在り方

エネルギッシュな返事・挙手が身に付く「ゲーム型段階指導」

> 返事や挙手でそのクラスのレベルも一目瞭然。強制せずに楽しく身に付ける方法を伝授します。

■ 返事，手の挙げ方でわかる学級の育ち

　返事の声と手の挙げ方は，やる気の表れです。

　全員が「はいっ！」と短く張りのある声で返事ができている学級は，それだけですごいレベルの学級です。

　エネルギーが充満している証拠だからです。

　返事は，自分の名を呼んでくれた人への敬意の表れでもあります。

　勉強ができて，スポーツができて，友達関係がうまくいく子は，例外なく返事と挙手がしっかりとできます。

　一流のスポーツ選手や歌手，俳優もそうです。

　子どもには，返事，挙手をしっかりさせる理由としてこのような趣意説明をします。

■ 返事，挙手ゲームから

　誰でも，簡単に楽しくできる返事・挙手指導（？）を紹介します。

① **全員と大グループ**

　まずはチェックです。学級全員でどのくらいできているか把握します。

　次に男女，教室の半分，赤組白組など大きなグループに分けて行います。

　テンポよく，笑いを入れながらやります。

　「男子！（はい）　女子！（はい！）　女子いいですね。男子と違って生きてますね。男子生きてますか？（はい！）……」

　大グループで行い，張りのある返事ができてきたら全員でやります。

　最初とまるで違う声になっているはずです。

楽しく指導すると自然と身に付きます

この状態になったら，挙手を追加します。

耳の横に腕を付けて，ビシッと天井を突き刺すように挙げます。

クロールの伸びのような手です。

曲がっている子がいたら「え？（通勤電車の）つり革？」とつっこみます。

② 　小グループと列

次に列，班など3〜6人程度で行います。

人数を減らして徐々に負荷をかけていくのです。

③ 　1人

最後は1人で行います。

一人一人大きな声で返事ができるようになります。小さな子には無理をさせる必要はありません。

　比べて体感

わざとだらだらした挙手と返事を行います。

どんな気分だったか発表させます。全員が張りのある声，ビシッとした挙手の方がいいと言うはずです。これを続けていくように伝えます。

ここが
ポイント！

☐ 覇気がなく，だらっとしてきたら明るくサクッとやり直し
☐ 無理に押し付けると，反発されるので楽しい雰囲気で！

35 「聞き方3原則」 聞き方を制する者は学級を制する

学級の統率に不可欠な聞かせるスキル。「手を止め」「目・体・心を向け」「うなずく」この3つを徹底させます。

■ 人の話を聞く＝その人を大事にすること

人の話を聞く子どもに育てましょう。

人の話を聞く子どもの多い学級は，崩壊しません。

一人一人が大事にされているし，一人一人を大事にしている学級だからです。

「人の話を聞くということは，その人の言葉を大切にするということです。人間は言葉を通して自分の思いや考えを伝えます。だから，人の話を聞くということは，その人を大切にするということなのです」

話を聞く趣意説明として，私はこのようなことを話します。

■ 聞き方3原則

しかし，これを伝えたからと言ってすぐに話を聞くようにはなりません。

具体的にどうやって話を聞けばいいのか教えます。

3点に絞って指導します。

① 手を止める

先生の話も友達の話も，手を置いて聞かせましょう。

基本的には，膝の上です。

話を聞かない子どもに共通しているのが，手いたずらです。

これは4月当初より徹底していきます。

手いたずら，手を動かしている子どもが1人でもいたら，話しません。子どもに徹底させます。

手を置いて話を聞けたら，きちんと評価しましょう。

話を聞くときに自然と3原則を守れるようにしましょう

当然ですが，メモしているときは手を置く必要はありません。

②　目と体と心を向ける

手が置けたら，姿勢の確認です。

全校でも，学年でも，学級でも同じです。

視線，体，心が話し手に向いているかどうかを確認します。

確認できたら，ほめます。

これは態度の指導です。

話の内容が聞けていれば，姿勢まで徹底しなくてもよいのではないかという意見も聞きます。

しかし，子どもに聞けばわかりますが，子ども自身も自分の意見を伝えるときは，姿勢をきちんとして聞いてくれることを好みます。

③　うなずく，あいづち

これはペアで練習します。うなずき，あいづちがある方とない方ではどちらが話し手は嬉しいか。聞き手は理解できるか。体験させることで，「だから，うなずくのか」とわかります。

□ 聞き方は4月から徹底する。教師の「まぁ，そんなに堅苦しくしないでいいか」という気の緩みが「話を聞かないクラスをつくる」ということを肝に銘じよう

36

「話し方３原則」
思いが届くかは話し手次第

「声の貼り付け」「視線」「体」この３つでグンと伝わるようになります。

■ 「もっと大きな声で！」を超える指導

話し方の指導をしていますか。

「聞こえませ～ん」と子どもが言ったり，「もっと声を大きく！」と先生が注意したりしていませんか。

思いや考えは相手に伝えるために行います。

相手意識を身に付けさせるには，３つの原則があります。

■ 話し方の原則　①相手の顔に声を貼り付ける

これは演劇教育の正嘉昭氏に教わったものです。

話し手は，聞き手の顔，胸にめがけて声を届けます。

ただ大きな声を出すのとは違います。

大きな声を出させようとしなくていいのです。

ただ，「相手に声を貼り付けなさい。相手の顔・胸にぺったんこするように声を届けるのです」と指示します。

先生が手本を示します。

例えば「○○，いつもありがとう」

Ａ：相手の目を見て，普通の声（か小さな声）を届ける。

Ｂ：相手の方を見ないで，大きな声で言う。

どちらが伝わったか，届いたかその子どもに聞きます。

全員Ａと答えるはずです。

これを繰り返していくと，声の貼り付け感覚がわかるようになり，自然と声が大きくなっていきます。

どちらの教師の話し方が子どもたちに伝わりますか

話し方の原則　②視線に声をのせる

　語尾をハッキリと言いきらないで，椅子にドスンと座る子どもはいませんか。だから声が貼り付かないのです。思いが届かないのです。

　そこで必要なのが，視線です。

　「最後に，ぺったんこしたことを2秒間見届けてから座りなさい」，「ただ声を出したいだけ？　それとも，みんなに届けたいの？　最後まで見届けなさい」と言います。教師に向かって言う子どもには，「先生に言いたい？みんなに届けたい？　どちら？」と聞くと子どもたちの方を向きます。

話し方の原則　③体の使い方

　体の使い方を指導するだけで，伝わり方がガラッと変わります。

・ノート，教科書を使って発表する場合は片手で持ち，あごの高さまで上げて顔を隠さずに言う。反対の手でジェスチャー。

・机に手をつかない。

・両足に体重をかけてスッと立つ。

ここがポイント！

□ 「大きな声！」よりも「相手に届くように声を貼り付けなさい」
□ 体と視線と声の貼り付けができている子どもをまずはほめる！！

基礎・基本
評価
非言語
生活指導
関係づくり
自尊感情
在り方

37

いじめ把握にも役立つ「3つの箱」

「靴箱」「筆箱」「道具箱」。この3つが整理されていれば子どもは落ち着きます。定期的にチェックしましょう。

3つの箱を見ればその子どもがわかる

「3つの箱には注意しましょう。3つの箱がきれいなら，その子どもは大丈夫。3つの箱はいじめ把握にも役立つ」

大学の先生に教わった言葉です。

3つの箱とは，靴箱，筆箱，道具箱のことです。

3つの箱を見れば，その子どもの整頓能力，性格，いじめの有無などがわかります。

低学年は毎朝（毎日）チェックし，整理整頓させましょう。

小学校生活のスタンダードとして，1，2年生のうちにきちんと身に付いていれば，それが継続していきます。

他の学年もできれば毎日が望ましいのですが，週に2回程度やるだけでも3つの箱の整理整頓がはるかによくなります。

靴箱

靴箱は朝です。できれば毎朝確認できるとよいです。

これは加点法，ポジティブに見るようにしましょう。

精神衛生上，そちらの方がよいです。マイナスの視点で見るとイライラして，それが子どもに影響します（笑）。

いきなり「25人。すばらしいですね！ さすがです。何のことかわかる？」 考えさせて靴と言わせます。

次に「でもね5人が残念だった。心当たりある人いるでしょう？ 誰とは言えないけど，○○くん！」というように明るく指導します（笑）。

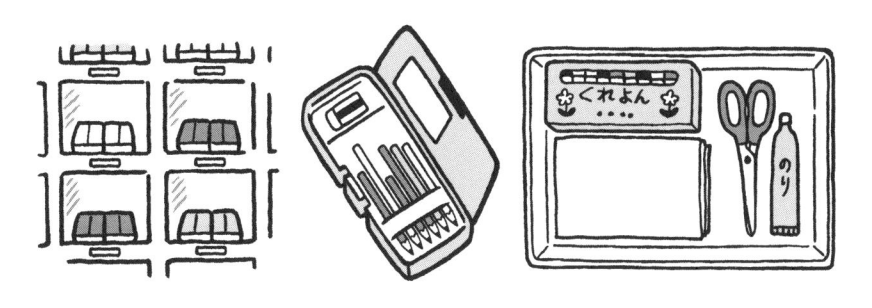

3つの箱をチェックしてみましょう

　靴箱には全員で行ってチェックするときもあります。

　1，2週間に1回です。

　「先生に靴を出されなければ合格です」と言って，そろっていない子ども
の靴を出します。その子どもたちはきれいに入れ直します。

■　道具箱

　これは朝か放課後です。

　先生が回って「キレイ。合格！」，「不合格。必要ない紙はファイルに入れ
て持って帰りなさい」と指導します。

　あるいは「隣の人よりきれいにしてごらん」と隣同士でチェックさせる方
法もあります。

■　筆箱

　削った鉛筆が5本，赤鉛筆1本があるか確認します。

　これは先生が机間指導するか挙手でよいでしょう。

　学年だよりや保護者会で，筆箱の形と中身について知らせましょう。

ここが
ポイント！

- ☐ 3つの箱をきれいにする理由（趣意説明）をしっかりしよう
- ☐ できていない子を叱るより，できている子をほめよう

基礎・基本 / 評価 / 非言語 / 生活指導 / 関係づくり / 自尊感情 / 在り方

38 「机スッキリ・頭スッキリ」整理整頓スキル

> 学力低位の子どもは，勉強が苦手なのではなく，勉強する環境づくりが苦手なのです。

■ 机の上がすっきり ⇒ 気持ちも頭の中もすっきり！

机の上はすっきりさせましょう。

すっきりというのは，何も置かないということです。

いつでも筆箱は机の中にしまいます。

机の上に出すと，百害あって一利なしです。

手いたずらの温床が筆箱だからです。

話を聞かない子どもたちが多い学級ではなおさらです。

"今ここで"学習するものだけを"今ここで"出すのです。

これは全員に徹底させます。

音読するときは，教科書以外はしまいます。

社会科で板書を写す際は，教科書，資料集はしまいます。

テストのときは，鉛筆1本，消しゴム1個だけです。

たったこれだけで，子どもの集中力が格段に高まるはずです。

■ 低位の子どもは，勉強よりも勉強する環境づくりが苦手

学力が低い子の机の上を見てください。

例外なく，書いているものの下に何かがあります。

算数の式を書いているノートの下には，計算ドリルがあったり，なぜか理科の教科書，図工の作品⁉ があったりします（笑）。

まずは，机上整理です。

1度すべて重ねて，必要なものは右側，不要なものは左側に分けます。

不要なものは一気にしまいます。

机上の整理の仕方は学期の最初に指導しましょう

　先生がやってあげてもよいので，低位の子には机上整理の仕方を教えましょう。

■　机上整理の基本　（学習時の机の上の使い方）

①　教科書とノート　（右利きの子の場合）

　教科書は左側，ノートは右側が基本です。

　もちろんノートには下敷きを入れ，ノートの下には何も入れません。

②　書き取り

　ドリル，テスト，プリントなどは，机の中央に置いて書かせます。

　自分が最高の姿勢で書ける位置に用紙を置かせます。

③　視写

　視写する場合は，手本と用紙の距離が短ければ短いほどよいです。

　首の移動，視線の移動が少なくなるからです。

④　理科の実験

　すべて机の下にしまわせます。

　書く必要があるとき以外はしまいます。

□　机上整理の仕方，教科書類の置き方を教えよう
□　低位の子には，一緒に片付けをしてあげよう

39 高学年のプライドも保つ?! 「あえて全体指導」

> ほめるときも注意も特定の子どもを出さない。だからこそ, その子どもにも素直に伝わります。

■ ジレンマ 「反発されたくない。でも, 何とかしたい」

「まじめにやっていないあの子どもを注意したい」

「机の上に出してはいけないものを出しているあの子どもを注意したい」

「姿勢がめちゃくちゃなあの子どもを注意したい」

そう思っていても, 注意しづらいときはありませんか。

反発したり, すぐにふてくされたり, 関係が崩れたりするからです。

それは怖くて不安です。

「じゃあ, このまま何もせず放置してしまおう」と開き直ることもなかなかできません。

だから, しんどいのです。

高学年を担任していたときによく味わっていた感覚です。

■ 1人の子どもに伝えたいなら, 全体へ伝えること

こんなときの裏技がこれです。

その子ども（たち）に伝えたい内容を全体に指導するのです。

高学年で "教師の怒りポイント" を刺激してくる子どもたちは, プライドが高いです。

それでいて, 認められたくて仕方がないのです。

でもそれを素直に伝えられないのです。

プライドがあるからです（だから, めんどくさいのです！）。

こういう子どもたちは, 本当は認められたいため, 常に先生のことを見ています。チラ見の連続です（笑）。

机の上がきれいな子が
何人かいますね。
身の回りが整っていると
心も整って，
学習もスポーツも
できるようになります

特定の子どもではなく全体に向かって指導する方が効果的なことがあります

だから，以下のように全体へやんわり伝えます。

当然，その子どもたちの名前は出しません。

「机の上がきれいな子が何人かいます。そういうふうに身の回りを整えることができる人は，心も整います。だから，学習もスポーツもなんでも伸びるようになります」

すると，多くの子どもたちにまぎれて，注意したい子どもも机をきれいにすることがあります。

そのときは，スッとさりげなく「いいね」と短くほめます。

視界には常にその子どもたちを入れてアンテナを張っておくのです。

すぐに反応できるようにするためです。

このようなサイクルを繰り返すと，徐々に指導が入っていきます。

「あ，この先生は私のことを見てくれているかも」と思わせることができます。

こうなれば勝ちです。

この時期になれば，徐々に全員の前でほめることをしても，さほど抵抗が生まれないはずです。

ここが
ポイント！

□ 手間暇をかけて，アンテナを常に張って，認めていくこと
□ 並行して関係づくり（詳細は p.118以降を参照）をしていこう

40 百聞は一見にしかず！「ビジュアル戦法」

> 伝えたいことは写真や文字をフル活用。1枚の写真なら伝える方も楽，聞く方にも伝わる。一石二鳥です。

どの子どもが見てもパッとわかる写真

先生，もっと楽をしましょう（笑）。

「手を抜きましょう」というのではなく「大きな声を出したり，いちいち注意したりしないで済むようにしましょう」という意味です。

そのために有効なのが視覚資料です。

写真です。

すぐ使える写真資料の活用方法を紹介します。

特別支援の対象となる子どもだけではなく，どの子どもにとってもわかりやすいユニバーサルデザインの考えを形にしましょう。

掃除用具箱

掃除用具箱が乱雑になってしまいませんか。

先生がいちいち片付けていては，疲れます。子どもも育ちません。が，写真があればそれを見て，どの子どももきれいにしまうことができます。

ぞうきん掛け

ぞうきんの掛け方の写真を用意しましょう。

正しい掛け方の写真がいつも掲示してあれば，どの子どもも安心して掛けることができます。

靴箱

きれいにそろっている靴箱の写真があるだけで意識付けになります。

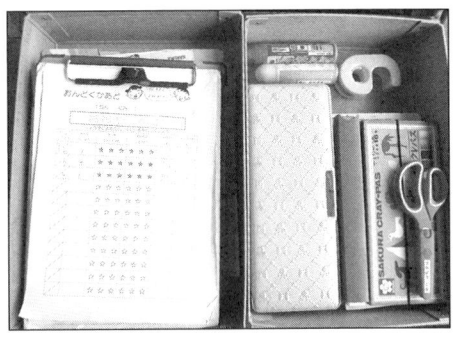

写真で見れば一目瞭然！　きれいに整頓された教室

道具箱

1年生には特に有効です。

学級で最もきれいな子の道具箱を写真で撮りましょう。

それを掲示します。学級通信でも紹介します。

真似した子どもを大いにほめましょう。みんなきれいになります。

□ 写真があるだけで，説明する必要がなくなる
□ 写真はわかりやすい。どの子どもも安心。あとはほめるだけ

41 授業中こそ最適場面「学級の土台づくり」

> 「土台」＝「しつけ」。これがしっかりしていれば学級は荒れません。授業中に行うからこそ，身に付くものがあります。

■ 「学校生活の土台」ができている学級は崩壊しない

　私はまず学級をもってすべきことは，学校生活における「土台」をつくることだと考えています。

　「土台」とは，言い換えるとしつけであり，生活指導です。

　しつけが行き届いている学級は崩れにくく，荒れません。

　生活指導がしっかりとされている学級は崩壊しないのです。

　学級生活における土台づくりは，学級崩壊に対する最大の予防策と言うことができるかもしれません。

　学校生活における「土台」とは，具体的に以下の通りです。

- ・挨拶，返事，挙手
- ・姿勢，聞き方，話し方
- ・4つの箱の整理整頓　（靴箱，筆箱，道具箱，ロッカー）
- ・机上整理
- ・椅子をしまうこと，物の置き方，音に敏感になること

■ 生活指導と授業は一体　～そのメリット～

　では，これらのしつけをいつ，どこで，どのように指導するのでしょうか。

　授業中の教室です。

　生活指導を授業の中で指導します。

　分けずに，一体として実践していきましょう。

「姿勢」「返事挙手」「部屋の整理整頓」「机の並び方」
この4つをチェックすれば学級の安定具合がわかります

①　全員が共通理解

授業中に行うことで，全員に知らせることができます。

何が望ましい行動であり，何が望ましくない行動なのか，共通に理解することができます。

ルールは全員に知らせることが大事です。「先生が言っていたよ」「は？俺は知らなかったし！」というトラブルがなくなります。

②　2，3つ徹底しただけで心が引き締まる

例えば，椅子をしまうこと，机の横や上をすっきりさせること，姿勢を正すことに取り組むとします。

これらが徹底できるだけで，教室の雰囲気ががらりと変わります。

凛としてきます。

「きちんと」しようとする気，「ちゃんと」したいという気が教室にみなぎってきます。

ここが
ポイント
！

☐ まずは1つに絞って実践してみよう
☐ しつけの趣意やメリットを説明することを忘れないように！
☐ 学級が荒れる前の授業でやるからこそ，崩壊の予防になる

基礎・基本
評価
非言語
生活指導
関係づくり
自尊感情
在り方

42

「荒れの兆候」発見の視点と対処法

順風満帆な学級づくりが一番でも，時には荒れることが……。予防と解決法は必ず身に付けておきましょう。

■ 荒れの兆候

荒れには兆候があります。

また荒れの解決法，予防法もたくさんあります。

ここでは荒れの兆候をとらえる1つの視点を紹介します。

① **かかとを踏んで歩く**

これは些細なことに思えるかもしれません。

しかし，これを見逃すとだんだんと心が荒れてきます。

かかとを踏むというのは物を大切にしない1つの表れです。

これが当たり前になると，物を大切にしないことが当たり前になっていきます。そのうち，筆箱を投げたり，机に座ったり，ランドセルを放ったりするようになります。

② **目を見なくなる（目を見ないで返事をする，返答する）**

素直さがなくなっている証拠です。

信頼関係が築かれていないという面もありますが，この事態を放置してはいけません。

じっくりと話を聞く，保護者と連絡を取り合うことが必要です。

③ **肩を組んで歩く，徒党を組む**

3人以上で廊下を肩を組んで歩いたり，ポケットに手を突っ込んで歩くようになると，もう危険サインです。

学年で5人以上になったら，すぐに手を打つ必要があります。

このころになると，授業中に友達が間違えると馬鹿にして笑ったり，仲間同士で目くばせするようになります。

3つの荒れの兆候をチェックしてみましょう

さらに進むと，教師の叱責にもヘラヘラ笑いで返すようになります。

徒党を組み始めてからの対処法

これは至難の業ですが1つの解決法を示します。

例えば4人の場合。

4人を1度に叱ったり，説教したりするのは逆効果です。

余計に結束を強めるだけです。反発力が増すのです。

まずはメンバーを分断する必要があります。

中心のボスではなく，取り巻きの中でも，本来はきちんとできる子ども，後ろめたさをもっている子どもをこちらの味方にします。

その子どもと面談をします。

本当はどうしたいのか，どうして今こうしているのか，先生はあなたの味方だから絶対に守るということを話します。

こうやって，徐々にグループの勢力を切り崩していきます。

最後は全員がまじめに，しっかりとできることを目標とします。

ボスの子どもも苦しんでいるので，そこをケアすることを忘れないように。

ここが
ポイント
！

□ 高学年の担任は，荒れの兆候をとらえる視点を常にもとう
□ 徒党を組み始めたら，まずは分断してグループの力を弱める

43

机と椅子は荒れのバロメーター
「位置も心もキッチリと」

整理整頓されたクラスは荒れにくいもの。4月の指導を徹底させましょう。

机と椅子の整理整頓

荒れている学級はほとんどの場合，机や椅子が雑然としています。

そうなってしまう原因はどちらでしょう。

A：心がすさんでいくから，机や椅子が雑然としていく。

B：机と椅子などが雑然としているから，心がすさんでいく。

答えは両方です。

しかし，荒れを予防する観点から見ると，4月の時点で指導しておけば，なくせる原因はA，Bどちらでしょうか。

Bですよね。

机と椅子のそろえ方，しまい方を指導しておけば，年間を通してずっときれいな教室環境が保てます。

場の印象，見た目の印象が人に与える影響はとても大きいものです。

例えば，レストランへ行って，椅子や机が雑然としていて，汚れていたらどうでしょうか。

その時点でテンションが下がり，お店への期待はグッと下がるはずです。

教室も同じです。

先生がきれいにする努力と子どもにしつける努力をしましょう。

机の下のマーカーは手前側に1か所

机の位置を整頓するときに，よくあるのが床のマーカーです。

おすすめしたいのは手前側です。

イラストの通り，隣同士で席をくっつけるなら内側の足にマーカーを書く

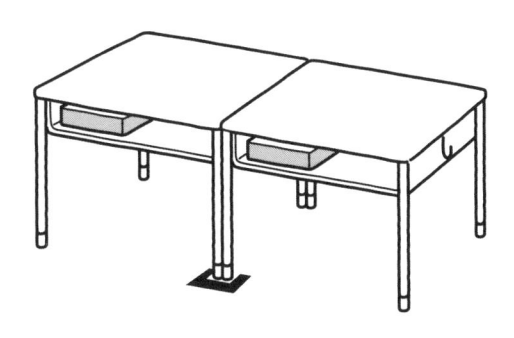

机は場ミリに合わせ，横フックには何も掛けないようにしましょう

ようにします。

　机の奥（前）に書くよりもずっと見やすいです。

　子どもが座った状態で机を動かせるからです。

机の横には何も掛けない

　机の横には何も掛けません。私は雑巾1枚だけにします。

　掃除のときに重くなります。

　人が通りにくくなります。

　足に物が当たって床に落ちます。物をなくす原因にもなります。

　このようなことを説明すれば，子どもたちも納得します。

休み時間の前と下校時

　休み時間の前，帰りの挨拶の前に，机と椅子の位置を整頓させましょう。

　これだけでかなりきれいになるはずです。

　下校後は，先生がチェックをしてきれいにします。

　翌日，子どもたちはスッキリした気分で学習に集中できます。

ここが
ポイント
！

☐ 机の回り，位置をキチッとすると，心もキチッとしてくる
☐ 机の横の物をなくすだけでも，雰囲気は変わる

44 アクシデントも冷静に乗り越える 「もしもシミュレーション」

おう吐，食器破損，おかずをこぼすなど，アクシデントはつきもの。このとき，モノを言うのが事前のシミュレーションです。

■ アクシデントへの対応

学校生活ではアクシデントがつきものです。

例えば，おう吐，牛乳瓶・食器破損，牛乳やスープをこぼしてしまうなどが起きます。

大事なことは2つです。

事前指導と先生の言動や表情です。

■ 事前指導の有無で天地の差　シミュレーションしておこう

4月の当初に話しておきます。

「もしも，友達がもどしてしまったり，食器や牛乳瓶を割ってしまったりした場合はこのようにしてね」と言ってシミュレーションをします。

大原則

「うわーっ！」「きたね～！」「きもい！」など人か傷つくことは絶対に言わないことを指導します。

実際の場面で誰もこんなことを言わなかったら，ほめましょう。

事前指導＋評価が鉄則です。

ほめることによって，よさが継続します。

おう吐編

近寄ったり，見たりしないようにします。場合によりますが，全員を教室から出させることもあると伝えます。

おう吐の対処は感染症予防のため，養護教諭や管理職と共有しておくことが大事です。

○○さんはほうき，
○○さんはちりとり，
○○さんは新聞紙を
取りに行ってください。
他の人は離れて。
破片があっても
触ってはいけません

シミュレーション通りに。まずは教師が慌てないことが大切です

食器・牛乳瓶破損

触らせないようにします。

割ってしまった子，近くの子を合わせて3名でほうき，ちりとり，新聞紙を取りに行く係に分担します。

あとの作業は先生が行います。

破片でけがをするからです。

その日の清掃の雑巾がけは，無しにします。

スープ・牛乳がこぼれたとき

食器・牛乳瓶破損と同じです。

このように動くことを事前に伝えておくことで，実際に起きたときの子どもの言動が変わります。

先生が落ち着くと，子どもも落ち着く

アクシデント時に最も大切なのは，先生が落ち着くことです。

先生が焦って困惑した表情で，怒鳴っていたら子どもたちも同じテンションになります。先生がやさしく，落ち着いて対応してあげましょう。

ここが
ポイント！

☐ アクシデントも事前指導が有効
☐ 先生が落ち着くことで，子どもたちも落ち着く

基礎・基本
評価
非言語
生活指導
関係づくり
自尊感情
在り方

45 トラブル発生！「時間差ケンカ対応法」

> すべてをその場で対応していたら，授業時間に影響します。内容に応じてその場で対応するか取捨しましょう。

■ 5校時が始められない!?

「5校時が始められないんですよ～！ すごいストレスなんです」

1年生担任の先生が嘆いていました。

話を聞いてみると，5校時前の休み時間にケンカしてきた子どもたち，嫌なことをされた子どもたちが先生にそのことを言いに来て，長蛇の列ができるそうです。その子どもたち一人一人に対応するので，時間がかかり授業が始められないということです。

そこで，「座りなさい！ 授業です！」と授業を始めて，解決しないで帰すと，ほぼ100％の確率で保護者から電話連絡が来ます。だから対応せざるを得ない……。

先生の葛藤がよくわかりますよね。

こんな場合，どうしたらよいのでしょう。

■ その場で対応するのは3つの場合だけ

たくさん来た場合に言います。

「どうしても話を聞いてほしい，放課後残ってじっくり話をしたいという人？ その人は名前を教えてね」と言って，その子たちの名前を黒板の隅，あるいは忘れないところに書いておきます。 そして放課後に対応します。

しかし，以下のようにどうしても対応せざるえないときがあります。

① **明らかな大けが**

これは授業どころではありません。

急いで保健室に連れていきましょう。

些細なことでも保護者に連絡しておきましょう

　このとき学級の子どもたちにはやることを指示しておきます。板書もします。質問が出ない単純な内容にします。

② **悪質ないじめ**

　これは学年主任，管理職に話し，すぐに対応します。

　この場合も学校サポーターのような人がいれば，学級を見てもらうようにします。当然，学級全体には指示をしておきます。

③ **興奮状態のとき**

　「ゆるさねー！」「ぶっ殺す！」など叫んでいる状態では授業どころではありませんので，この場合も全体に指示をしたあと，対応します。

　この子どもがよく（週に2，3回）こうなってしまう場合には，早めに管理職，学年に伝え対応してもらいましょう。

必ず保護者と管理職に報告

　保護者には一報入れておくだけで全くちがいます。信用問題です。

　対応した場合は即連絡を心がけましょう。

ここがポイント！

☐ その場で対応するものとそうでないものとに分ける
☐ 保護者には必ず連絡を！

46 トラブル激減！「愛とバトンのケンカ予防法」

> 日頃の子どもとのかかわり方が，トラブル発生を事前に食い止めるかを左右します。

■■ 「先生は友達のいいところを教えてくれる人が好きだな」

前のページでは対処法を書きました。次は予防です。

「先生は，友達の悪口やよくないところよりも，いいところを聞きたいな。そういうことを教えてくれる人になってほしいな。友達のいいところを見つけられる人って素敵でしょ」と常日頃から言っておきます。

すると，先生に友達のいいところを言ってきてくれる子どもが現れます。

その子どもを学級通信で紹介します。

すると他の子どもも友達をほめるようになります。結果としてトラブルや不要な（つまりたいしたことのない）告げ口が減っていきます。

■■ 「ぜってー殺す！」「ぜってーゆるさねー！」の子どもに

暴れる子，すぐに興奮する子どもへのかかわり方です。

これはかなり効果的ですので，お困りならすぐに試してみてください。

根気さえあればだれでもできます。

簡単です。毎日，毎時間その子どもと思い切り遊ぶのです。

一緒に楽しむのです。

そして思い切り遊んで気分を発散させます。楽しい体験を共有します。

そこで，言うのです。

「Aくん，どう？　楽しいよね？　どうしてこんなに楽しいんだと思う？

（考えを言わせます。）それはね，Aくんがみんなと協力できる力があるからだと先生は思うんだよね。さっきボールを当てられた場面も，前なら怒っていたはずだよ。でも，我慢できるようなってきたでしょ。みんなのことを

何があったのか順番に話してくれるかな。まずはAくんから

ボールペンを持っている子どもが話すというルールにするとスムーズです

考えて我慢したよね。すごく成長しているよ。先生もみんなもうれしいわ。また仲良く遊ぼうね！」

　このようにほめたり，その子どもの言動を価値付けたり，励まし続けるのです。たったこれだけで絶大な効果を発揮します。そのためには，毎日遊ぶことが大切です。

　関係づくりもできて，Aくんの自尊感情も高まる一石二鳥のワザです。

秘密のワザ　ボールペンのバトン

　とは言ってもAくん，いつもこんなに落ち着いているわけではありません（笑）。ケンカの仲裁の仕方を記します。

　Aくんとケンカした子どもから話を聞こうとすると，「ちげーよ！　お前が先に……」となりますよね。そうさせないために，ボールペンバトンを渡すのです。

　「今はBくんの番だからバトンを渡すね。じゃあ話して。（Aが聞いていたら）きちんと順番を守って聞いていたね。えらいよ。じゃあ次はAくんの番ね」と言ってバトンを渡します。こうすると，とってもスムーズです。

ここがポイント！

□ 「ぜってー殺す！」の子には無限の愛情を！
□ ケンカの話し合いには，ボールペンバトン！

卒業式所作指導は「2か月前＆毎日チェック」でバッチリ

> 動きが決まると心構えもしっかりします。「卒業式は1日にしてならず」です。

■ 卒業式練習にあたっての心構え

　まず卒業式にあたって心構えを指導しましょう。

　練習にあたって趣意説明をします。

　練習は小学校生活最後の授業であること，練習は自分で律する学習の場であること，心は姿勢と声に表れること，在校生や保護者や先生方に卒業生として自分は何を残せるのか，など指導します。

　ここでは趣意説明の案を記しましたが，あくまでも先生ご自身の哲学，思いを言葉にして指導してください。

■ 卒業式における基本指導　椅子の座り方

　ここでは，卒業式で大切となる指導についてお伝えします。

　まず座り方の指導です。

　①足は床にピッタリとくっつける（ぶらぶらさせない）。

　②手は服の袖から出し，膝の上に固定する（寒くても腿の下に入れない）。

　③足首，膝，腰は直角で背筋をスッと伸ばす。

　これは初回に指導します。

■ 卒業式における所作は2か月前から毎日指導

　座り方，手の置き方，服装，起立，礼，着席，証書授与，歩き方は卒業式練習の期間では身に付きません。

　日頃やっていなかったことを2週間程度の練習で定着させるのは難しいので，3学期始まってすぐに教室で練習を開始します。

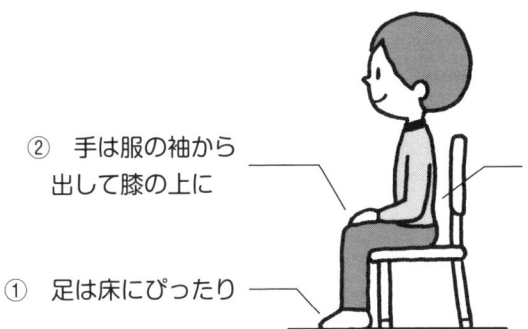

② 手は服の袖から
　出して膝の上に

③ 足首，膝，腰は直角で
　背筋をスッと伸ばす

① 足は床にぴったり

3つのポイントを守って椅子に座ります

　隙間時間の3分などを使って，少しずつ練習するだけでも全く動きが変わります。動きに伴って心も変わっていきます。

　歌も帰りの会などで1日1回は練習します。

微細指導

視線を置く位置

　下を向いたり，横を見たり，友達の顔をのぞいたり……。

　立派に見せるには，視線を置く位置を明確に教えることです。

　非常口誘導灯の緑，バスケットゴールを見るなど。これだけで変わります。

体調不良，トイレ

　もしも体調不良になったら，その場にしゃがむように指示します。

　トイレに行きたい場合は，どこをどのように通って行くか伝えます。

欠席者

　練習前に欠席の子を確認します。次の子がセリフを言うように指導しておきます。

ここが
ポイント
！

□ 動きは直前ではなく，長い期間指導する
□ 毎回，振り返りをさせることで，向上を図ろう！

48 関係づくりの基本のキ 「聞き方セルフチェック」

> 「聞かせる」ためには「聞く」ことがスタート。よく話を聞いてくれる教師の話は，子どもも耳をかたむけたくなります。

話を聞いてくれる先生の話は聞く

子どもも当然人間です。

自分によくしてくれる人には，自分もよくしたくなります。

だから，話を聞いてくれる先生の話は，しっかり聞こうとします。

話を聞くことは，関係づくりの基本中の基本です。

まずはしっかりと子どもの話を聞いてあげましょう。

たとえ，こんな話でも！

「先生，先生，今日，何の日か知ってる?!」

「う～ん，わからないな」

「この間，ぼくの家に来た，いとこの○○ちゃんの誕生日なんだよ！」

（知ってるわけないじゃん！）

手を置いて聞く

丸付けをしたり，連絡帳を書いたりしているときに，あるいは書こうとしているときに声をかけられるときがあります。

そんなときは，手を置いて聞いてあげましょう。

どうしても，丸付けをしたいときは，「丸付けをしながらでもいい？」，書かなくてはいけないときは，「書いてからでもいい？」と言ってあげましょう。

これだけで，「先生は忙しいけど，自分を大切にしてくれているな」というメッセージが伝わります。

子どもが話しやすい聞き方を身に付けましょう

■ 姿勢と視線の高さを合わせる

　先生と子どもでは身長差があります。

　まずは，目の高さを合わせることで安心感を与えましょう。

　次に，姿勢に気を付けます。

　子どもはまっすぐ立っているのに，先生は椅子にふんぞり返って，手は頭の後ろに組んでいると，子どもはしっかりと聞いてくれていると感じることはできません。

　特に注意したいのが，腕組みです。

　無意識のうちに，子どもに威圧感を与えてしまいます。

　子どもと同じ姿勢をつくることを心がけましょう。

■ 復唱と「それで？」

　子どもが話しやすくなるコツです。

　「え〜とね，Aくんがね，ぶってきたの」と子どもが言ったら，先生も「うん，Aくんがぶってきたんだ」とうなずきながら復唱していくのです。すると，子どもはどんどん話せるようになります。

　あと，会話が詰まったら「それで？」と言うと，子どもは話し始めます。

□ 子どもに指導している聞き方で，先生も聞いてあげよう
□ 子どもに安心感を与える姿勢，反応を！

基礎・基本

評価

非言語

生活指導

関係づくり

自尊感情

在り方

49

人間関係を深める！「意図的１対１場面」

> 「１人対30人」と「１人対１人×30」。違いがわかりますか？　工夫次第で１対１
> の時間はつくることができます。

■ 1対1の関係の中でこそ

　学級の子どもたち全員を前にして，冗談を言って笑わせたり，熱い話をし
てひきつけたりする力はとても重要です。

　しかし，人間関係は１対１の関係の中でこそ深まります。

　１人対30人ではなく，１人対１人×30を意識しましょう。

　授業中はどうしても一人一人というのは難しいかもしれません。

　なので，授業以外の時間を使って，一人一人とかかわる時間を確保するよ
うにしましょう。

　休み時間，朝や帰り，給食など少ない時間の中で，どんな工夫をして一人
一人とつながることができるでしょうか。

　以下に具体的な１対１場面を列挙します。

　くわしくは該当ページをお読みください。

■ 1対1場面の具体例

① 　朝の宿題チェック　　②　プリント配布　　③　仲良し給食

④ 　チャレンジ祭り　　⑤　面談　　⑥　仕事をさせてほめる

⑦ 　帰りの握手・ハイタッチ　　⑧　帰りにほめ合う

　①③④⑤については次ページ以降に詳述しますので，それ以外の例を紹介
します。

プリント配布

　これはとても単純です。

　プリントを配布する際は，多くの場合，先生が列の一番前の子どもたちに

班で自分が一番気が利くな，という人集合！

単なるプリント配布も一工夫で貴重な1対1の時間になります

渡すことが多いかと思います。

　そうではなく，班から1人取りに越させます。

　あらかじめ4人班なら1〜4番まで決めておきます。そうすると，毎回同じ子どもではなく，まんべんなく呼ぶことができます。取りに来た際に，一言ほめたり，調子を聞いたり，いじったり（？）します。

仕事をさせてほめる

　やんちゃな子や静かな子にあえて仕事を頼みます。

　物を運ぶ，掃除，肩たたき（？）でもなんでも構いません。

　仕事をしながら会話します。仕事の終わりには「ありがとう」と感謝の言葉を伝えます。

帰りの握手・ハイタッチ

　「先生と握手かハイタッチした人から帰ります」

　ここで一人一人の表情を見たり，ほめたりします。

帰りにほめ合う

　先生がほめるだけでなく，子どもにもほめさせます。人をほめることも大事なスキルです。子どもから「え〜，ほめるところなんてないよ〜」と言われても，ぐっとこらえましょう（笑）。

ここがポイント！

□ 少しの時間でもいいから，一人一人と毎日かかわることが大事

50

言いにくいことを言うチャンス！「子ども面談」

保護者との個人面談の子どもバージョン。日頃，教師から聞きたかったこと，子どもが言いたかったこと，1対1で話す機会をつくりましょう。

子ども面談のメリット

保護者と個人面談する先生は多いです。個人面談や家庭訪問は学校で決まっているからです。

私が提案するのは，子どもとの個人面談です。

子どもと個人面談することのメリットは以下の通りです。

① **子どものことがよくわかる。**

→いじめなどへの対応が可能になる。

② **一人一人との会話が保障される。**

→子どもとの関係が深まる。

③ **その子どものよさを直接伝えることができる。**

→子どもの自尊感情が高まる。

事前にアンケート

事前にアンケートをしておくとよいです。

アンケートの内容は，先生が聞きたいこと，知りたいこと，大切にしていること，確認したいことです。

学年と実態によりますが，私が4年生に実施したアンケートは，右ページのとおりです。

これで，その子どものだいたいのことがわかります。

個人面談の趣意説明

なぜ唐突に個人面談をするのか，その意図や理由を伝えます。

残り2週間！　自分アンケート⑤

月　日　名前（　　　　　　）

次の質問に1〜4で答えよう。
あてはまる「4」，少しあてはまる「3」，あまりあてはまらない「2」，あてはまらない「1」
①名前を呼ばれたら「はいっ！」とハキハキと大きな声で返事をしている。　_____
②話を聞くときは，手を置いて，目を見て，うなずいて，「うんうん」などとあいづちをして聞いている。
③話すときは聞いている人の目を見て，思いが届くように大きな声で伝えている。　_____
④校歌，音楽の歌，音読では，いつも全力で声を出している。　_____
⑤人（家族，先生，友達，近所の人）よりも先に，自分から進んであいさつをしている。　_____
⑥朝，教室に入ったらランドセルを片付けて1分以内に宿題や提出物を出している。
⑦授業中，わかる問題や意見があるときには，必ず手をあげている。　_____
⑧給食では，私語に気を付け，食材や作ってくれた人への感謝の思いを込めて，時間内（12：55まで）に完食している。
⑨フック，ロッカー，道具箱，くつ箱など身の回りの物をきれいにしまっている。
⑩教室移動（専科，集会，朝会）のとき，廊下（ろうか）では静かに右側を歩いている。
⑪自分で時間割を確認（かくにん）しているため，忘れ物（宿題，必要なもの）をしていない。
⑫どんなときでも（授業，宿題，連絡帳も）字を書くときは，姿勢を正し，大きくていねいに書いている。　_____
⑬そうじのときは，ふざけることなく真剣に行い，すみずみまでしっかりと掃（は）いたり，ふいたりしている。　_____
⑭給食の準備のときは，遊んだり，しゃべったりせず，自分から進んでみんなのために行動している。
⑮4年生になって，成長している実感がある。　　　　　　合計点数
（1）特によくできている番号に，赤鉛筆で○をしましょう。（1〜3個）

　特に高学年の場合は，理由がわからないで担任の先生と1対1で話すことに抵抗を感じる子どもがいるかもしれませんので，趣意説明は大事です。

　「先生は一人一人のことが大切です。だからみなさんのことをもっとよく知りたいのです。あと，この中にもしかしたら，先生に相談したいことがあっても，先生の周りにいつも他の人がいて，伝えられないことがあるかもしれません。だから個人面談を行います」

　私はこのようなことを話します。

■ 必ず質問すること・話すこと

①いじめたり，いじめられていないか。いじめを見聞きしていないか。
②困っていること，悩んでいること，先生に言いたいこと。
③先生は味方だから，何かあったら相談しに来ること。
④最後は，その子どものよさを伝える。

　時間に余裕があったら，手紙に書いて渡すとよいでしょう。

ここが
ポイント！
□ 面談の趣意説明をすること。これだけでメッセージが伝わる
□ いじめや悩み事など話しにくいことを聞く！

51 子どもの表情がガラリと変わる！
先生からの「不意にほめらレター」

> ほめられるのは誰でもうれしいこと。慣れてきたら，子ども同士でも取り組んでみましょう。

■ 突然ほめられたら……

　もしも，職員会議でいきなり管理職の先生にほめられたらどんな気分がしますか。

　そして，その後に，同僚の先生方から次から次へと自分のよいところを言われたら，どうでしょう。

　照れくさいかもしれませんが，最高にうれしいですよね。

　これを学級でやってみるのです。

　教室の雰囲気，子どもの表情がガラリと変わりますよ。

■ 「不意にほめらレター」のやり方

用意するもの

　学級通信です。

　右ページの資料のように，1枚に4人分のよさを書きます。

　素敵なBGMがあると雰囲気がグッと高まります。

全員の前で読み上げる

　1人ずつ名前を呼んで前に来させます。

　そして先生と握手をします。

　目を見ながら，学級通信を読み上げるのです。

　照れくさいですが，相手の心にメッセージを届けるつもりで読みます。

拍手

　読み上げたら，全員で拍手します。

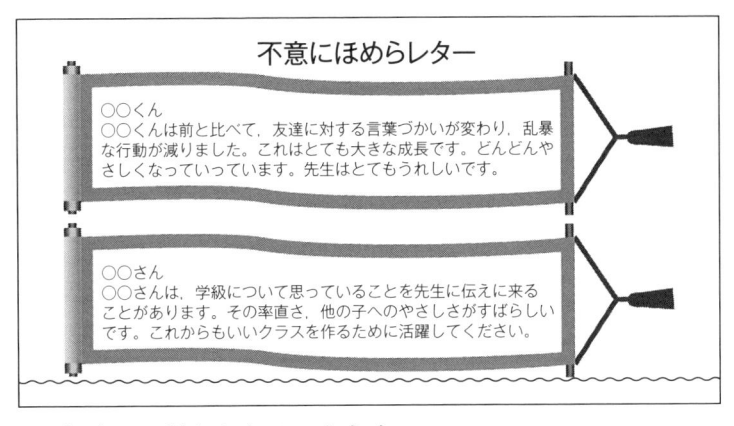

不意にほめらレター

○○くん
○○くんは前と比べて，友達に対する言葉づかいが変わり，乱暴
な行動が減りました。これはとても大きな成長です。どんどんや
さしくなっていっています。先生はとてもうれしいです。

○○さん
○○さんは，学級について思っていることを先生に伝えに来る
ことがあります。その率直さ，他の子へのやさしさがすばらしい
です。これからもいいクラスを作るために活躍してください。

先生だけでなく，子どもたちの口からも

私は月に1回行います。

2，3回やって慣れてきたら，今度は先生だけではなく，子どもたちに言わせると，よりパワフルです。

いきなりだと難しいかもしれませんので，ステップを踏みます。

① **学級の雰囲気を確認**

誰にもよいところを言ってもらえない子どもが1人でもいたら，この実践はできません。まずは学級の雰囲気をよくしましょう。

② **ペアトーク**

「○○さんのよさについてペアで話し合ってごらん」

ペアトークすることで，自分では気付かなかったことがわかります。

③ **本人の指名→指名なしで**

「○○さんのよいところを言いたい人？」と言って，挙手させます。

本人が言ってほしい子を指名します。

さらに慣れてきたら，指名しないで言いたい子がどんどん立って，言っては座っていくという形式にしていきます。

ここが
ポイント
！

□ 学級を温かい雰囲気にし，自尊感情を高めることが目的
□ 学級通信にすることで，保護者も喜び，信頼を得られる！

**目は口ほどにモノを言う？
「友達関係チェック法」**

友達関係の把握は，いじめの芽を発見するためにも教師の重要な能力です。5つの場面でチェックします。

友達関係をどうやって把握するか

子どもの友達関係をつかむ方法はもっていますか。

いじめの予兆をどのように把握しますか。

私は，子どもの表情に注目します。

もっというと，視線です。

子どもの心は，目に最もよく表れます。

チェック法　〜5つの場面〜

① **休み時間**

1人でポツンといる子どもがいないかチェックします。

理由が1人でいたいからか，1人でいるしかないからか，確認しましょう。

② **朝の登校場面**

朝，誰と登校してくるかを見ます。

特に注目すべきは，校舎内・教室に入ってくるメンバーです。

いきなりメンバーが変わったり（数の増減），1人きりになっていたりしていないか注意して見ます。

登校時間が遅くなり，しかも女子のグループに変化が起きているときは注意が必要です。

女子の視線の先をうかがいましょう。誰がボスか，誰が外されているかわかります。こんな事態になったら，その日のうちに声をかけましょう。

③ **休み時間のチャイム，学び合いの時間，帰りの挨拶**

チャイムが鳴った直後，グループ活動開始の合図，「さようなら！」の瞬

子どもたちの様子をさりげなくチェックしましょう

間が大事です。

　このときに，気になる子ども，ボス，ボスに近付く子どもの目線に注目します。子どもの視線は，たいていの場合，仲良しの子どもに視線がいくものです。視線が集中している子どもがいたら，ボスの可能性が高いです。

　視線に注目すれば，今，誰が誰と仲が良いかわかります。

④　**仲良し給食（p.132を参照）**

　教師と子ども，１対１で給食を食べながら話を聴きます。

　例えばＡさんと食べているときに，Ａさんに対する目つきで判断することもできます。つんとしている感じなのか，ニコニコ見ているのかによってわかります。

⑤　**教師と１対１で向かい合うとき**

　朝の宿題チェック，帰りの挨拶後の握手，プリントを取りに来させるとき，手伝いを頼むとき，その子どもの目を見れば変化がわかります。

　気になる子どもには，意図的にこのような場面をつくり，チェックすることもあります。

ここが
ポイント
！
　□ 基本は子どもとよく遊び，よく話し，よく観察すること
　□ たえず一人一人の表情の変化を見逃さないように

53 「朝の宿題チェック」で 子どもの変化に敏感に

> 子どもの変化は朝，表れます。忙しい朝に効率的・効果的な方法です。

■ 朝，1対1の関係になるメリット

　朝，登校してすぐに宿題を見せに来るようにさせます。

　漢字プリント，漢字ドリル，漢字ノートなど書き取りの宿題の丸付けをします。

　漢字の宿題を出していない先生は，他の宿題の回収でも大丈夫です。

　算数は問題数が多すぎるので，ここでは丸付けをしません。

　朝の時間は忙しくて大変だというイメージがありますが，それ以上のメリットがあります。

① 子どもたちの様子の変化がわかる

　子どもの表情を見ます。

　すると，その日の調子，気持ちの変化がわかります。

　いつもと比べて暗い表情になっている子どもには声をかけます。

　「どうした？　何かあったの？」

　たいていは家庭のこと，友達のことです。

　朝のうちに把握しておけば，すぐに対応ができます。

② 声かけ

　せっかくの1対1の場面です。

　関係づくりに役立てましょう。

　「今，ピアノで何を弾いているの？　休み時間に聴かせてよ」

　「今日，体調はどう？」

　「字が丁寧だな。いつも姿勢がいいからね」

など一言ほめたり，その子どもに関することをポッと投げかけたりします。

おはよう！
おぉ丁寧！
字きれいだね！

丸付けは絶好の1対1の場面をつくります

関係づくり以外のメリット

　朝の宿題チェックは，1対1になって表情を見たり，ほめたりして関係づくりに役立ちます。しかし，関係づくり以外の面でもメリットはあります。

①　漢字のチェックは対面式で

　本来は「その場主義」が最もよいです。つまり，書いた直後に指導するのが効果的ですが，宿題はそうもいきません。

　しかし，朝の宿題チェックは対面なので，直接「今すぐ直して持ってきなさい」を伝えることができます。

　先生が赤を入れたノートを後から渡しても，子どもは「あー」と言って終わりです。直して持ってくるのは気の利く子どもだけです。

　ほどよい緊張感があるので，雑には書けません。

②　朝の準備がスピードアップ

　「朝の時間に間に合わなかった子どもは，休み時間に見せに来ます」と言うといやがるので，朝の仕度が速くなります（笑）。

□　朝から1対1の関係をつくることで一人一人の変化がわかる
□　さりげない一言の積み重ねが関係づくりに役立ち，先生が好きになる

54 「ひたすら遊ぶ」が関係づくりの はじめの一歩

さぁ，職員室を出て子どもと遊びましょう。どんな遊びでも OK。遊びの中で関係が築かれます。

遊ぶことの大切さ

子どもとひたすら遊びましょう。

若い先生は，特にたくさん遊びましょう。

若い先生が遊んでくれるというだけで，子どもは大喜びです。

職員室にいてはダメです。

丸付けをしているペンを置きましょう。

とことん外で遊びましょう。

授業がうまくいかなかった初任者時代は，中休み，昼休み，放課後，ほぼすべての時間で遊びました。

汗びっしょりになって，サッカー，鬼ごっこ，どろけいをしました。

それくらい遊ぶと，授業の悩みも全然気にならなくなります（いいのか？）。

一日にTシャツを4枚も着替える日がありました。

遊んだから何とか2年間もったという思いです（笑）。

遊びの効用

① **関係が深まる（ラポールの形成）**

→教師との関係ができるので，多少厳しいことを言っても指導が入る。

② **楽しい時間を共有**

→子どもの中に「この先生といるとおもしろい」という意識が入る。先生を好きになる。

③ **子どものよさや特徴がわかる**

→授業以外の友達同士の関係性がつかめる。

休み時間は子どもたちと一緒に校庭に出ましょう

朝のスタートを楽しく！

朝の会を楽しくしましょう。

朝が楽しいと1日が楽しくなります。授業とのメリハリも付きます。

少しの変化でいいのです。

挨拶は，正面だけでなく，隣同士，班で向かい合って，全員でクラスの中心に向かって行うだけでも気分が変わります。

「あっちむいてほい」をしたり，「じゃんけん大会」をしたり，ハイタッチして「今日もよろしくね！」と言ったり，たった2，3分間で楽しくスタートできます。

帰りのゴールを楽しく！

帰りの会を楽しくしましょう。

プロジェクトアドベンチャー（PA），レクリエーション，構成的エンカウンター，ドラマケーションなど，短時間でできる遊びがあります。

子どもは帰りに笑顔だと，翌日も笑顔で学校に来ますよ。

ここがポイント！

- [ ] たくさん遊んで関係が築かれるから指導が入りやすくなる
- [ ] スタートとゴールが楽しくなると，学校がさらに楽しく！

子どもとの距離がググッと縮まる「仲良し給食」

> 子どもと1対1になるチャンスです。食べながらの会話は，雑談感覚で思わぬ情報収集につながることもあります。

■ 「仲良し給食」とは？

年に1，2回，仲良し給食をします。

やり方は簡単です。

子どもが先生の机の横に来て給食を食べる，というものです。

1日1人です。

向きは，正対すると緊張しますし，横向きだとカップル座りになってしまいますので，斜め横向き90度の位置で座りましょう。

■ 質問を用意

雑談だけでもよいのですが，せっかくなので知りたいことをピックアップしておきましょう。

学年によって大きく違いますが，私が聞くのは大体，次のことです。

・好きな食べ物　・好きな遊び（今ハマっていること）　・好きな教科
・将来の夢　・習い事　・放課後の過ごし方　・学校以外で遊ぶ友達
・困っていること　・いじめの有無

■ 仲良し給食のよさ

① 関係づくりと児童理解

給食の時間なので，楽しくじっくりと向き合えます。

休み時間は忙しくても，給食の時間は確保できるはずです。

深刻な話ではなく，雑談レベルです。

周りが会話をしていても問題ないのです。

○○さんのよさ

○○さんは，字がとても丁寧です。それは，いつも背筋をスッと伸ばし反対の手で紙をしっかり押さえて書いているからです。あと，人に対する気遣いもすばらしいです。よく回りをみて今，何をしたら人の役に立つかを考えていますね。すごく立派！

子どものよさを書いたカード

給食の時間を活用すれば1対1の時間が必ず確保できます

　1か月（30日間）で，全員と雑談をすることができます。雑談をとおして，一人一人のことがよくわかります。

②　コミュニケーション力

　先生に聞きたいことをあらかじめ5つほど考えさせておきます。

　相手に質問することの大切さを理解させたいものです。

　事前に全体へ指導します。

　「一緒に食べているときに，相手が何もしゃべってくれなかったらどう？（つまらない）どうしてほしい？（話してほしい）じゃぁ，相手が自分の話ばかりしていたら？（嫌だ）では，どうしたら相手も自分も気持ちよくなるかわかる？（間）それが質問なの。自分について質問されると人はうれしいものです」

　ここでクローズドクエスチョン（「はい」「いいえ」で答えられる質問）とオープンクエスチョン（答え方がいくつもある質問）を教えます。

③　最後にカードを

　その子どものよさを書いたカードを渡します。どの子どもも喜びます。

ここがポイント！

□ リラックスして，楽しい給食の時間を過ごせばよい！
□ 質問が書いてあるカードを裏返してめくる方法も楽しい！

基礎・基本
評価
非言語
生活指導
関係づくり
自尊感情
在り方

56 子ども情報をキャッチする 「4月初っ端アンケート」

> 子どものことがわかると，その後の指導や関係づくりに必ず役立ちます。アンケートの具体例をご紹介。

4月初日のアンケートのメリット

始業式の日に年度初の宿題を出します。

それがアンケートです。

右ページに実物を載せました。

アンケートをするメリットは以下の通りです。

①およその家庭環境がわかる　②一人一人の願いがわかる

③得手，不得手がわかる　　　④子どもを伸ばすキッカケがつかめる

アンケートの効果的な使い方

回収後，その日のうちに読みます。

特にじっくり読むのが「苦手な教科とその理由」です。

ここで苦手な教科とその理由についての全体傾向を特定するのです。

そしてそれらを1，2週間で1つずつ潰していきます。

即刻手を打つのです。

すると「今年はいける！」「先生ありがとう！」となります。

実際の例をもとに，詳しく見ていきましょう。

傾向：漢字が苦手

私が担任した4年生は漢字を書くことが苦手な子どもが20名ほどいました。

これを一転させようと思いました。そこで，毎日10分，授業の時間を使って漢字指導をしました。漢字指導の詳しい内容は，前著『子どもがパッと集中する授業のワザ74』（p.76〜）をお読みください。

4年生が始まるよ！　自分アンケート

名前（　　　　　　　　　　）

①好きな食べ物，遊びは何ですか？

　食べ物：　　　　　　　　　　　遊び：

②好き・苦手な教科とその理由を書いてください。

　好き……

　　　理由

　今は苦手……

　　　理由

③習い事をしていたら書いてください。

④将来の夢は何ですか？

⑤自分のよさを書きましょう。

⑥ TV を見る時間は一日何分くらいですか？

⑦よく遊ぶ子の名前を3人まで書きましょう。

⑧いじめについて相談したいことがある。　　○　　　×

指導したことは以下の通りです。

鉛筆の持ち方，姿勢，新出漢字を毎日2文字，指書き，空書き，なぞり書き，ドリルの音読，宿題ノートの使い方，10問テストのやり方です。

結果，100点が26人，90点が4人，40点が1人でした。

■　苦手　⇒　得意へ

「苦手」に注目して，短期間で「得意」へと変えます。すると子どもからも保護者からも信頼を得ることができます。

年度当初に「自分は変わることができる！」という実感をもたせましょう。

□ 苦手とする子どもが多いものから，変えていく
□ 点数や挙手など，目に見えてわかるものから変えていく

57

友達と共有して達成をめざす「目標じゃんけん」

> 学期はじめに立てた目標は立てっぱなしになりがち。クラスみんなで楽しみながら，目標を継続的に活用します。

■ 学期はじめの目標を活用するワザ

学期はじめに書いた目標。

書きっぱなしで終わっていませんか。

目標を継続的に活用できるワザを紹介します。

ある方から教わったことがヒントになっています。

「言葉を大事にする人だけが，非凡な成果を達成する。また，その言葉を他者と共有することで，もっと大きな成果を達成できる」

つまり，自分の目標を他者に伝え，共有した方が達成できる可能性が高まるということです。

この理論を学級で使えないか考えました。

なるべく多くの子どもに自分の目標を共有できるシステムです。楽しく継続できる方法です。

そしてあみ出したのが，「目標じゃんけん」でした。

■ やり方

①教室内を自由に歩き回り，２人一組になる。

②ハイタッチ ⇒ じゃんけん 「目標じゃんけん，じゃんけんぽん！」

③勝った子どもから，目標を言う。

　「ぼくのは，〜をできるようにします。そのために，〜をします。」

④聞いた子どもは，一言。

　低学年 「がんばってね」「いいね」「応援してるよ」

　高学年 「〜さんは〜だからできるよ」「〜のために〜がんばってね」

友達の目標を共有してみましょう

⑤負けた子どもが，目標を言う。聞いた子どもが一言。

⑥握手して別れる。他の子どもとやる。

■ 効果

① 目標を受け止めてもらえる嬉しさ

相手はしっかりと目標を聞いてくれます。しかも，一言が付きます。ほめられ，受け止めてもらいながら，自分の目標が拡散されていきます。

② 目標を口にした自分の存在を自覚する

目標を言葉にします。友達に共有した結果，努力せざるを得ない状況になります。

目標を聞いた自分は，友達の目標を知る。だから，友達を"そういうふうに"見るようになります。応援するようになります。

③ コミュニケーション力の向上

友達とかかわる回数が増えます。自分から声をかける子が増えます。

積極性が向上します。笑顔が増えます。

学級全体が温かくなります。

ここが
ポイント
！

☐ 一言の練習をするとよい。どんなことを言われるとうれしいか

☐ 目標の立て方も数値化するようにして達成しやすいものにする

58

クラス全体が温かくなる「成長日記幸せシステム」

> 人に認められるのは誰でもうれしいものです。うれしい空気を言語化することで，価値付けもできます。

■ 日記「自分の成長」

子どもの自尊感情を高める，とっておきの方法を紹介します。

まず，日記で「自分のいいところ」「自分の成長」を書かせます。

「これを書いてきた人は，明日いいことがあるからね」と言っておきます。

用紙はＡ４用紙１枚でも，Ｂ５ノートでもなんでもいいです。

■ 友達の日記を読み，コメントを記す

翌日，日記を机の左に置かせ，右側に白紙を置かせ指示します。

「今日ちゃんと日記を持ってきた子は立派ですね。そしてラッキーです。これから友達の日記を自由に見に行き，コメントを書きます。ルールは，受け止める。認める。もしも心で，『え～？　本当？』とか思っても，本人が成長したと書いているんだから受け止めてあげるんだよ。もしも書くことないな～と思ったら，そのままオウム返しのように，『確かに』『字がうまくなってよかったね』と書けばいい。どの子も５人以上の子にコメントを書いてもらえるようにチームワークを発揮してください。忘れた人は，忘れましたと書きなさい。では鉛筆を持ってどうぞ」

ここからおよそ20分間。ひたすら熱中します。誰もふざけません。真剣でいて，ニコニコ。嬉しそうにがんばっている。そんなすばらしい光景が見られるはずです。

■ この「うれしさ」を価値付ける

価値付けることによって，他の場面にもこの雰囲気を転移させることがで

友達の成長を認めるコメント書きましょう

きます。この雰囲気の再現性が高くなります。

　「手を止めて聞いてください。ありがとう。今，どんな気分？」

　「楽しい！」「うれしい」「もっとやりたい」

　「なるほど。でもさ，なんでうれしいの？　だって誰も今は，直接誰かにほめられてはいないでしょう？」（子どもたち考える）

　「自分はほめられていないけど，人をほめる言葉を書くことで，脳は自分がほめられたって思えるの。いい言葉を書いたり，人にいい言葉を伝えたりすると自分も気分がよくなるのはこのせいなの。だから，相手を認めたり，ほめたりすることが大事なんだね」

友達からのコメントを読んで，また日記を書く

　書いてもらったコメントを持ち帰って読み，その感想を日記にします。

　翌日，何名かの日記を紹介します。本音を書いている子ども，自分の成長をありありと書いている子どもの日記です。

　本人に音読させます。聞いていた子どもによかったところを発表させます。

　日記に始まり，喜びをはさみ，日記に終わる幸せなシステムです。

ここがポイント！

☐ 手軽なのに効果絶大。学級が温かい雰囲気になります
☐ うれしい，幸せな空気を言語化して価値付ける習慣を！

59 友達のよいところを探す 「サンキューコメントカード」

> 友達の作品をほめるだけ。日記，作文，何でも OK。ほめコメントに限定することで，友達のよい部分を探す目を養うことができます。

■ サンキューコメントカードのよさ

友達をほめることができる子どもが育ちます。

ほめられた子どもはうれしいものです。

ほめられることで自尊感情が高まります。

また，ほめよう，ほめようとする意識をもたせることで友達の悪い部分ではなく，よい部分を見る子どもになります。

その結果，学級全体がほんわか温かい感じになっていきます。

■ 友達の作品をほめるカード

やり方はいたって簡単です。

友達の作品を見て，感想を書くだけです。

いいなと思ったところ，工夫しているところ，共感したところ，気付いたところを書いてあげます。

各自の机の上に，作品とＡ４用紙（私のクラスでは日記用のマス目入りの用紙かお手紙用のかわいい便せんなど）を置きます。

子どもたちは鉛筆と消しゴムを手に，自由に立ち歩いて感想を書きに行きます。実践するうえでの留意点としては，どの子どもも最低５人以上書かれることです。

子どもの作品によっては，どうしても人気があるものとそうでないものとに分かれてしまうことがあります。

そういうときには，事前に次のように言います。

「サンキューコメントカードをやるんだけど，みんなが気を付けなくては

「いいなと思ったところ」「工夫しているところ」「共感したところ」「気付いたところ」をコメントします

いけないことがあるんだけどわかるかな？　やさしさが磨かれることなんだけど……。（意見を待つ）そう，もしも自分が誰からも感想を書いてもらえなかったらどう思う？　友達の用紙を見て，『あ，この子まだ書かれているのが少ないな』と思ったら書いてあげる。そういうことができる人は大人です。友達の気持ちがわかる立派な人です。できそうですか？」

■　どんな作品で実践できるの？

　形に残る作品すべてに使うことができます。

　例えば次の作品。

・社会科の新聞，ノートまとめ

・成長日記（詳しくはp.138を参照）

・国語の詩，俳句など

・図工の作品

・運動会，学芸会，卒業式練習でがんばっていること作文，日記

・総合のリーフレット，パンフレット，ポスター

□　どの子も書いてもらえる条件を整える

□　ほめ方を教えることが大切。どんな作品にもよいところがある！

基礎・基本

評価

非言語

生活指導

関係づくり

自尊感情

在り方

141

60 クラス全体がグングン成長できる 「チャレンジ祭り」

> 複数のチャレンジ課題を用意して，合格したらシールがもらえるシステム。わくわくできる課題をたくさん用意しましょう。

■ 挑戦システム

あるサークルで私の友人がサークル主宰者に言われました。

「学級全体を動かしていくような，学級全体の底上げを目指すようなシステムというか視点がないんだよな。つまり複数の挑戦システムを仕掛けるわけだよ。つまりさ，学級の一人一人がやる気をもって臨めるようなさ……」

当時，1年生担任の私にはピンときました。

複数のチャレンジシステム……。

これはいける！

■ チャレンジ祭り

そこで思いついたのが，チャレンジ祭りです。

一言でいうと，いくつかのチャレンジ課題を教師が用意し，それに合格できたらシールを貼るというシステムです。

右ページ上の資料のように，工作用紙で作ります。上の欄には縦書きで課題名，左には出席番号順で指名印を上から押していきます。

課題に合格するために練習します。

それで合格できそうになったら，先生の所へ来て，試験を受けます。

合格したら指名印の横の課題の下にシールを貼ります。

練習すればできるようになるという努力と自信が身に付きます。

■ チャレンジ祭りのねらい

・学級全体を知的かつチャレンジ精神旺盛な雰囲気にすること。

	ドリル							漢プリ5枚	漢プリ10枚		3級清掃士
	15	17	23	29	34	39	46				
氏名	●	●	●	●	●	●	●				●
氏名	●	●	●	●		●	●				●

合格できたらシールを貼ります

・楽しく詩文を暗唱したり，計算カードに取り組んだり，遊びを覚えたり，生活するうえで必要な技能を身に付けたりさせること。

■　チャレンジ課題一覧　例

学習

①たし算カード即答　②ひき算カード即答　③リズム漢字Ⅰ（例えば１年生の漢字前半40字の読み）　④リズム漢字Ⅱ（後半40字）　⑤「わたしと小鳥とすずと」「十二支」「月の異名」のなど詩文の暗唱

生活技能

⑥ぞうきんしぼり　⑦ちょうちょうむすび

遊び

⑧けんだま（３連続のせる）　⑨あやとり（先生と10回続ける）
⑩のぼり棒てっぺんまで　⑪鉄棒前回り　⑫うんてい端まで

鍵盤ハーモニカ

⑬かえるのがっしょう　⑭きらきらぼし　⑮メリーさんのひつじ

ここがポイント！

□ 取り組まない子どもには声をかけて挑発（前著『子どもがパッと集中する授業のワザ74』p.20）する
□ 実態に応じて課題を変えること。ワクワクするものがいい

61 マンネリ練習もおさらば 「表現グランプリ」

> 運動会の表現指導で，子どもたちが少し練習にあきてきたら試してみましょう。
> やる気アップに絶好の方法。どの子どももガラッと動きが変わります。

■ 表現指導　次の一手

運動会の表現指導。

もっとかっこよく踊ってほしい。

少しあきてきた様子だから刺激を入れたい。

何よりも，一人一人のやる気と自信を高めたい！

こんなときのためのアイデアを2つ紹介します。

■ 自分たちの映像を見る

練習中の様子をビデオで撮ります。

それを次の時間に流し，メモを取らせます。

観点は「もっとよくなるところ」，「よくできているところ」です。

2回流すとよいでしょう。感想を書かせます。

書いた中から，これだけは次の練習で直すというものを3つまでB6程度のカードに書かせます。

それを机の上に貼ります。

最後に全員の前で宣言をさせます。

毎回，練習の直前にカードの内容を確認するように伝えます。

練習後，直ちに振り返りをさせます。できたら○，できなかったら×です。

このサイクルを2回行えば，どの子どもも動きがガラッと変わります。

■ 子どもが燃える！　表現グランプリ

表現グランプリとは，学級で誰が一番上手なのかを決めるゲームです。

子どもたち同士で評価するので表現する方も見る方も真剣です

ものすごく燃えます。

評価の観点は，先生が決めても全員で決めてもよいです。

「動きの大きさ」「視線」「声」などです。

教室の前に出て4人ずつ踊ります。列ごとでも，班ごとでも構いません。

全部を踊ると長いので，1部分だけにします。最もここを伸ばしたいという部分でもいいでしょう。

踊ったら，後ろを向かせます。

審査委員は先生と見ていた子どもたち全員です。審査委員の子どもたちは顔を伏せさせます。人間関係面を配慮するためです。

多数決です。

学級の人数に応じて1人にするか2人にするか決めてください。

班の対決が終わったら，勝ち残った子どもたちで対決をします。4人ずつです。

決勝は2人です。ものすごい緊張感が漂います。

これはあくまでもゲームですので，優劣ではなくどの子どもの表現にもよいところがあることを忘れないようにしましょう。

□ 表現グランプリをする数日前に実施することを伝え，家で練習してきた子どもをほめよう

62 「あこがれの先生」になる
身だしなみポイント

在り方

> 教師は常に子どもや保護者に見られています。教師が身だしなみや立ち居振る舞いをキリッとすると，子どもたちもキリッとなってきます。

■ 先生は子どもの憧れ

「先生はかっこよくなくてはいけないんだよ」

私が尊敬する先生が言っていた言葉です。

私が「どうして，先生はいつもスーツなんですか」と聞いたことへの答えでした。

何も教師はスーツでいるべきだ，などとは言っていません。容姿のことでもありません。

身だしなみをきちっとするということです。

清潔感と品のある服装を心掛けることによって，自然と背筋が伸びて，エネルギーが高まってきます。

子どもにとって先生は憧れの存在です。

子どもにとって，担任の先生は特別な存在なのです。

だらしない恰好や，毎日同じジャージでは，自分の魅力を最大限に発揮できません。

また高学年になると，女子の中でファッションに興味をもち始める子どもが出てきます。

先生の服装をチェックしています。

見た目の影響はとても大きいですから，一目で「ダサ〜」とシャットアウトされてしまってはもったいないです。

服装に気を遣うことで，自分のことに興味をひかせることができれば儲けものです。

保護者も先生の服装を見ていますので，服装には気を遣いたいものです。

人は外見ではなく中身？
いえ，子どもたちにとって
見た目の影響は大きいです！

　余談ですが，私はスーツを着ると気合が入ります。研究授業の日以外にも
スーツでいると，不思議なことに研究授業で緊張しなくなります。一度試し
てみてください。

■ 姿勢も子どもに反映する

　子どもたちは，よくも悪くも先生の真似をします。

　姿勢も口調も身振りも真似をします。

　先生が背筋をスッと伸ばし，胸を張ると，子どもも徐々にそうなっていき
ます。

　先生が丁寧な言葉遣いをしていれば，子どももそうなります。

　先生の机の上がいつもきれいであれば，子どももそうなります。

　そうなっていなくても，一言で子どもに入ります。

　なぜかというと，いつも先生のキチッとした姿を見ているからです。モデ
リングできるわけです。

　一方，自らはやらないのに子どもに要求する先生の話は聞きません。

　「先生だって，できてないじゃん」と一蹴されます。

ここが
ポイント！

　□ 先生の身だしなみが子どもに与える影響は大きい
　□ 先生の姿が子どもに反映する

基礎・基本

評価

非言語

生活指導

関係づくり

自尊感情

在り方

147

63 1年後に大きな差がつく！「教師の哲学」

どんな子どもに育てたいか具体的な像を描くことができますか？　絶対叶えたい像を具体的にイメージできるようにしましょう。

教師としての哲学

「あなたの教師としての哲学は何ですか？」

パッと答えられますか。

３年目のころ，質問された私は答えられませんでした。

「哲学？　何を固いこと言っているのかな。それよりも授業でしょ」

率直にそう思いました。

しかし，今は違います。

哲学の有無で子どもが伸びるか伸びないか，大きく左右されることを知ったからです。

このことを教えてくれたのが，深澤久氏でした。

深澤氏は，教師は哲学をもつべきだと主張しています。

氏によると哲学とは，教師が描く理想的な子ども像です。

個々の具体的な場面における，具体的な子どもの言動をイメージせよと言っています。このことを「具体的行為像」（深澤久『鍛え・育てる』日本標準に詳述）と定義しています。

例えば，給食準備の時間では，どんな力が育てられるのか，どんな行動をしていれば，その力が身に付いたといえるのかを具体的かつ克明にイメージするのです。

当番は？　待っている人は？　手伝う人は？　どうやってシステムを作るのか？　などのイメージを明確にパッと言えるようにしておくのです。

このような「具体的行為像」の有無で１年後には雲泥の差が出ます。

要するに，どんな子にしたいのか，どんな人間に育ってほしいのか，どん

あなたはどんな子どもたちに育てたいですか？

なことを自分は教えたいのかを考えるということです。

　これは許せない，これはこうしたいという教師の思いをイメージし，書き出し，常にパッと言えるように意識しておくのです。

　先生が本気で伸びたい，本気で子どもを伸ばしたいのであれば，p.150〜を読みながら，ご自分の哲学を改めて明確にする作業をしてみてください。

哲学の有無

哲学がないと

・指導が流行実践のつぎはぎになり，自分の力では対応できなくなる。

・指導に一貫性がなくなる。

・子どもの伸ばす指針が無いので，成長度が低くなる。

哲学があると

・自分の全ての教育活動が理想像に向けてつながっていく（一貫性）。

・子どもに付けたい力，しつけが明確になり子どもが実際にそうなる。

・ぶれない強さ・芯がもてる。確信からくる自信が付く。

□ 教師の哲学がその教師の教育実践，教育活動を規定する
□ 本気で哲学をもつなら，ノートに具体的なイメージを書き出そう

64 だれでも作れる！「教師の哲学」作成ノウハウ

大→小の順番でつくるのが基本です。最後は具体的な内容を想定していきます。

哲学の作り方　①教師になったわけ　②どんな子に育てたいか

まずは，自分はどうして教師になったのか問います。

答えを箇条書きにしていきます。

出てきた答えにさらに問いかけます。

「それが何の役に立つ？」，「どんな役に立つ？」

例えば「子どもが好きだから」と答えが出たとします。続いて「子どもが好きということが何の役に立つ？」と問い「子どもが好きだから児童理解が深まる」と答え，さらに「児童理解が深まることがどんな役に立つ？」と問う，答える，問う，答える……という繰り返しです。

列挙された中で，「自分はこれだ！」というものを丸で囲みます。

これが先生の①根本の哲学，大哲学です。

②どんな子に育てたいかという哲学も同様に作ります。

ちなみに私は①「世界平和と自分の喜びのため」，②「人にやさしく，全力で学び，楽しく生きる子」です。

哲学の作り方　③学年に応じた年間目標

大哲学が確定したら，次は年間の大目標です。

大哲学を具現化するための手段になるので，少しだけ具体的になっていきます。

教科指導

・楽しく全力で学ぶ子ども

　→全教科。特に国語，体育を中心に。

・人前で堂々と自分を表現できる子ども

　　→1人で朗読，発言，歌，体育，学芸会の表現。

・読み書き計算ができる子ども

　　→四則計算・筆算100％，図形の作図・量と測定90％。

　　　漢字テスト90％，読み返す習慣100％，達意の文100％。

生活指導

・自分を律する子ども

　　→教師なしで1週間生活できる自発性と行動力。

・やさしい子ども

　　→自ら声をかける・手伝う・助ける・高め合う。

哲学の作り方　④各教科，生活指導の具体的場面の目標

　ここからは具体的な子どもの言動で記します。

国語科　話す聞く

・全員の前で，堂々と自分の意見を言うことができる（指導要領のウ）。

　　1人で発表する機会を増やし自信を付ける。事前にペア，班，自由というように，話し合う形態を工夫（ベビーステップ）。

・以下のように，話型を入れる（指導要領のイ，ウ）。

　　結論⇒理由⇒根拠⇒持論（仮定・例示）⇒結論

　「私は～と考えます。なぜなら～（理由は3つあります），教科書～ページに～と書いてあるからです。～ということは，～だと思います。だから私は～と考えます」

生活指導　挨拶

・人（家族，先生，友達，近所の人）より先に，目を見て挨拶ができる。

　　目上の人には立ち止まって礼ができる。入室の際は大きな声で……。

ここがポイント！

　□　まずは大きな哲学を決めて，徐々に具体的にしていく
　□　最後は，各教科，生活指導の具体的場面を想定して書いていく

65 100回言うより効果大！「教師の姿」で率先垂範

> 言葉だけの教師には子どもはついていきません。子どもは教師の後ろ姿を見て育つことを自覚しましょう。

■ 最も影響力のある教育？

先生の言葉ではありません。

先生の行動が子どもを変えます。

もしも，指導が子どもに入るとすれば，その先生の普段の行動が大きく影響しているのです。

つまり，言葉だけ先生らしいことを言っておいて，そういう自分は行動が伴っていないという先生には子どもはついてきません。

私の恥ずかしいエピソードを2つ。

1つめ。前日，私は身だしなみについて指導しました。

6年生らしい服の着方を指導したのです。

しかし，翌日の学年集会のとき，私は癖でポケットに手を入れたまま（ずっとではないですが一定時間）話をしていました。

すると終わってから女子が，「先生だって，ポケットに手を入れて話してるじゃん」

おっしゃる通り（泣）。うかつでした。私はポケットに手を入れて話すのは心からはよくないと思っていなかったようです。

あと1つは，体育館から教室まで静かに移動せよと指示したときです。

階段を上がっている途中で学年の先生から声をかけられ話しました。

すると，ある女子が「先生が静かに行けって言ったのに，先生たちは話していいんですか？」

よくありません（泣）。これも無意識でした。

行動が継続的に伴って初めて，子どもはその先生の言うことを心から聞く

とにかく子どもたちと一緒にやってみましょう！

ということがよくわかる例です。

■ なんでもかんでも一緒にやってみる！

　学級がうまくいかない先生に朗報です。

　なんでもすべて子どもと一緒にやると，子どもたちの視線も先生自身の感覚も変わります。

　自分がこれまで子どもに指示してきたことを自分もそっくりやってみるのです。

　机の中，机の上，棚の中を毎日きれいにします。

　清掃では，廊下や教室の雑巾がけをしましょう。

　廊下は静かに片側だけを歩きます。

　これで子どもの「けっこう大変なんだ！」という気持ちがわかります。

　反対に休み時間にも思い切り一緒に遊びます。

　体育でも一緒にできるときは自分も汗を流します。

　大変なことも，楽しいことも率先してともに行う。

　これだけで学級の空気は一変しますよ。

ここが
ポイント
！

□ 先生が自分で言ったことを自分からまず行動！
□ 楽しいことも大変なことも一緒にやってみる！

66 できるかできないかの分かれ道は「根気と覚悟」

教育技術だけではどうにもならないことも。「敗北宣言」をする前に担任として
できることを実行しましょう！

■ 「西野さん，その子に敗北宣言すればいいよ」

　教育技術を学んだり，哲学をもって指導に当たったりすることはとても大
切です。

　しかし，最後の最後は根気と覚悟だと思います。

　「このクラスを何とかする」という意思が実行できるか，できないかは先
生の思いによります。

　「この子を変えるぞ！」という４月当初に抱いた思いが本気かどうかで，
その子どもの成長は大きく変わります。

　読んでいる先生の中には，グサッとくる方いるかもしれませんが大事なこ
となので私の経験を話します。

　恩師との忘れられないやりとりがあります。

　「最後の１人をどうするかだ。30人中29人は，そこそこの教育技術と努力
で何となるかもしれない。でも自分のこれまでの指導では何とかならない１
人がいる。その子を見捨てるのか，その子を変えられないで終わるのか，そ
の子に自信を付けて『僕にもできるんだ』と成長させて次の学年に上げるの
か。すべては西野さんにかかっているんだよ」

　「いやあ，でもあの子はきついっすよ。別格なんですよ。あの子を変える
っていうのは厳しいなあ。え〜，どうしたらいいのかわからないっす……」

　「じゃあ，西野さんはその子にこう言って謝ればいいんだよ。『○○くん，
ごめんなさい。自分の教師力が低くて未熟で，君にはかないませんでした。
私は教師として，君を変える力ありません。これまでもこれからも無力でご
めんね』ってさ。敗北宣言だな〜！　ハハハハ」

「敗北宣言」だけはしたくない！　そこから様々な工夫が生まれます

敗北宣言……。そんな見方があるのか……。

ショック以上に，蒙が啓かれた感覚です。目から鱗でした。

その子どもを変えられるのは自分だけ 「～のせい」では成長しない

自分が努力・工夫をし尽す前に，その子どもの限界を教師である私が決め
つけてしまっているのだとわかったのです……。

特別な支援が必要だから，IQが70台だから，家庭が大変だから，前の担
任がいい加減だから，この地域だから，あの子どもの性格が，あのメンバー
だから……。たくさんの「～～のせい」にしていました。

しかし，人のせい，他人事にしている間は何も変わりませんでした。むし
ろ，自分は悪くないと決め込み自己成長を止めていました。

「敗北宣言」を知ってからは，すべて自分事として目の前の現実を引き受
けました。自分の責任としてです。

すると，たくさんの知恵，工夫が浮かびます。その子どもと「本当はどう
したい？」と話し合う，管理職や先輩に相談する，保護者と会う，個別に指
導するなど可能なことがたくさんありました。

□ 人のせいからは何も生まれない。自分事として受け止める
□ ときに「敗北宣言」していないか問い直す

67 クラスの雰囲気を左右する「教師のわくわくコンディション」

先生の気分はクラスに伝わります。教師が生き生きしていると，自然と子どもも生き生きするものです。

先生が笑顔なら子どもも笑顔

先生の気分，表情，テンションは子どもに伝搬します。

先生が笑顔なら子どもも笑顔になります。

先生が楽しんでいれば，子どもも楽しくなっていきます。

反対に，先生が暗かったり，つまらなそうであったり，イライラしていれば，子どもたちもそうなっていきます。

自分がこだわって楽しく教材研究した単元は，授業するのがワクワクして待ち遠しいです（滅多にありませんが……泣）。案の定，授業も楽しくなります。

反対に，校内研究などで"やらなければならない？"授業は気が進まないので，授業もどんよりしてしまうこともあります。

なぜでしょう？

それは脳の中にミラーニューロンという神経細胞があるからです。

簡単に言うと鏡の効果です。

人が笑っているのを見ると，鏡のように自分も笑えてくるのはミラーニューロンの影響です。

なので，常に先生が生き生きと楽しい雰囲気でいることが，生き生きと楽しい学級づくりをするうえでは大切なのです。

先生の心身のコンディション

そうはいっても，先生の仕事には悩みが尽きません。子どもとの関係，保護者との関係，同僚との関係，授業の準備，事務処理……。

ときには自分にご褒美を！

　特に，がんばり屋さん，へこみやすい性格，すぐに感情が顔に出る方（私のことです）。

　そういう先生こそ，自分を大切にしてください。

　心と体のコンディションを整えるのです。

　自分にとってうれしいこと，ワクワクすること，楽しいこと，本当の自分になれることを毎日の中で10分間でもいいので確保しましょう。

　それが学級の子どもたちのためにもなります。

　先生が笑顔でスッキリとした表情でいれば，子どももそうなるからです。

自分を癒す時間を

　自分を癒しましょう。自分のための人生です。教師というのは1つの仕事にすぎません。その仕事で苦しみすぎては本末転倒です。

　好きな入浴剤を入れてお風呂に入る，お酒を飲む，旅行の計画を立てる，ゲームをしまくる，ジョギングや筋トレをする，カラオケに行くなど，自分が好きなことをして癒されましょう。

　ときには癒やし中心の1週間も自分に許してあげてください。

ここが
ポイント！

□ がんばりすぎないで，まずは自分を大切に！
□ 無理にでも，楽しいことを毎日の生活に組み込む

157

68 教師としての存在意義がわかる 「永遠のQ」

> 教師次第で子どもは1年で大きく変わります。もしうまくいかなかったら，まずは自分を振り返りましょう。

教師の存在意義

教師の存在意義とは何でしょうか。

それは，子どもを伸ばすことです。

子どもをできるようにさせることです。

子どもをわかるようにさせることです。

子どもに自信を付けさせることです。

子どもに粘り強さを身に付けさせることです。

子どもに自己実現するうえで必要な力を育てることです。

要は，指導を通して現時点よりもさらに高い地点まで高めることです。

これが教師の存在意義です。

教師は無力なの？

1～3年目，このようなことを話すとよく言われました。

「人が人を変えるなんておこがましい」

「子どもは勝手に育つものだよ」

「教師ががんばったって変わる子どもは変わるし，変わらない子どもは変わらないよ」

「小学校教師がどうこうじゃなくて，幼稚園・保育園の時点でその子どもはどうなっていくか，だいたい決まっているよ」

そういう面もあるかもしれません。

だとしたら，教師の役割，存在意義って何なんだろうと思いました。

教師はただいるだけで，子どもにとって無力なのでしょうか。

私は今まで○○のせいにしてたけど，
本当に○○のせいかな。
まだできることがあるかもしれないな

こう考えることができるようになったら一歩成長です！

やっぱり教師にはすばらしい存在意義がある！

　一流の先生方の実践を見たり，知ったりするようになって確信しました。

「やはり，教師には存在意義はある！」

ということでした。

　教師の哲学，努力，教材研究，指導の工夫により，1年後には子どもはとてつもなく大きな違いを見せます。

　だから子どもが言うことを聞かない，子どもがまとまらない，子どもができるようにならないことについて，叱る，怒鳴る，責める，誰かのせいにする前に，自分を振り返る習慣を身に付けましょう。

「それって本当に子どもが悪いのかな？　指導力のせいでは？」

　この視点が成長には不可欠です。

　本を読む。指導の記録を書く。授業をビデオに撮る。セミナーに参加する。サークルに入る。同僚から教わる。

　このような姿勢と行動が，教師としての存在意義をさらに高めます。

□　子どものせいにするまえに，指導を振り返る視点を
□　子どもにとって教師の存在意義とは何か，自分に問い返す

【著者紹介】

西野　宏明（にしの　ひろあき）

1983年　東京都八王子市生まれ

2009年より東京都公立小学校勤務

教育サークル　オリエンタル・レボリューション（オリレボ）代表

連絡先：hirohirohiro5883@hotmail.com

著書『子どもがパッと集中する授業のワザ74』（明治図書）

本文イラスト　木村美穂

学級経営サポート BOOKS

新任3年目までに必ず身に付けたい！
子どもがサッと動く統率のワザ68

2016年8月初版第1刷刊	©著　者	西　　野　　宏　　明
2017年6月初版第4刷刊	発行者	藤　　原　　光　　政
	発行所	明治図書出版株式会社

http://www.meijitosho.co.jp

（企画）木村　　悠（校正）広川淳志

〒114-0023　東京都北区滝野川7-46-1

振替00160-5-151318　電話03(5907)6702

ご注文窓口　電話03(5907)6668

＊検印省略　　　　　組版所 株 式 会 社 カ シ ヨ

本書の無断コピーは，著作権・出版権にふれます。ご注意ください。

Printed in Japan　　　　　ISBN978-4-18-222913-8

もれなくクーポンがもらえる！読者アンケートはこちらから →